THE SOUTH SEA SONGLINE
IN PURSUIT OF YAKUSHIMA'S PHANTOM
MATSUBANDA FOLK SONG

南洋のソングライン
――幻の屋久島古謡を追って

大石始

kilty BOOKS

目次

序章

異郷の記憶が刻み込まれた歌

屋久島への旅立ち

フェリーの船上から眺め見る屋久島の姿は、まるで海の上に屹立する巨大な山脈のようだった。真ん中でひときわ大きな姿を誇示しているのが九州最高峰の宮之浦岳《みやのうらだけ》だろうか。屋久島には1000メートル級の山々が40以上連なっていて、パッと見ただけではどれが宮之浦岳なのか判別することはできない。その光景は「洋上のアルプス」という屋久島の別称そのものだった。

屋久島を訪れる観光客の多くは、樹齢1000年を超える屋久杉がひっそり佇む山中か、あるいはジブリ映画の舞台ともなった白谷雲水峡《しらたにうんすいきょう》のためこの島にやってくる。だが、僕は屋久杉でも白谷雲水峡でもなく、たったひとつの幻の歌を追い求めてこの島にやってきた。起源ははっきりとはわからないけれど、おそらく江戸時代のある時期から島の生活のさまざまな場面で歌われるようになり、戦後のある時期にはごく少数の島民を除いてそのメロディーを歌うことすらできなくなっていた幻の古謡を追い求めて——。

船体に白波を打ちつけながら、フェリーは少しずつ港へ近づいていく。乗客のほとんどが登山用のアウトドアウェアに身を包み、大きなバックパックを背負っている。彼らの眼差しの先には、宮之浦岳をはじめとする霊山と屋久杉がはっきりと捉えられている。

屋久島は九州本島最南端にあたる佐多岬から南西約60キロの海上に位置する、周囲約130キロの島だ。島の90パーセントを森林が占めていて、中央には標高1936メートルの宮之浦岳がそびえ立ち、競い合うように永田岳(1886メートル)と栗生岳(1867メートル)が天空に山頂を突き出している。「屋久島三岳」とも称されるこの3つの山は、島のシンボルともなっている。

海岸線から山頂へは亜熱帯から亜寒帯までの植生が分布していて、奥地には屋久杉が自生している。そうした貴重な自然環境が評価され、1993年12月、屋久島は白神山地とともに日本で初めてユネスコの世界自然遺産に登録された。以降、屋久杉のことが繰り返しメディアで取り上げられるようになったこともあって、屋久島は「屋久杉と世界遺産の島」として広く知られるようになった。そのため、観光客の多くは険しい山の世界を求めてこの島にやってくるのだ。

一方の僕は、重度の部類に入る高所恐怖症。それなりの旅好きではあるけれど、決してアウトドアなタイプではない。異国の都市であれば何時間だって歩き続けられるし、危ない橋を渡ることもあるものの、ジャングルを切り拓きながら突き進むなんてことは、絶対にできない。いわば温室育ちのトラヴェラー。そんな僕が、屋久島のハードなトレッキングに耐えられる気がしなかった。そのため、今までどうも屋久島に対する関心が湧かなかったのだ。

これまで屋久島に来なかった理由はもうひとつあった。それはこの島に広く知られる祭りがないということだ。

国内だろうと海外だろうと、僕がどこかに旅をするとき、そこには大抵「音の鳴る現場を体験する」という目的があった。コロンビアやトリニダード・トバゴに行ったのもカーニヴァルのためだったし、グナワという伝承音楽に触れるためにモロッコに行き、レゲエの現場を知りたくてジャマイカにも行った。ここ10年ほどは伝承歌や伝統行事を追い求めて日本各地を回っている。

だが、屋久島を代表する祭りは？　伝承歌は？と聞かれてパッと出てくる人は、それほど多くないだろう。

同じ鹿児島県の奄美群島には豊かな島唄の伝統があり、八月踊りなどさまざまな伝統行事が行われている。屋久島の南北に広がる島々は、「南洋版ナマハゲ」とも例えられるエキゾチックな来訪神の宝庫だ。悪石島のボゼ、下甑島《しもこしきしま》のトシドン、硫黄島のメンドン、黒島のオニメン、種子島のトシトイドン。こうした神さまは時に怠け者を戒めたりしながら、集落に福をもたらす。実は屋久島にもトイノカンサマという来訪神行事があるものの、まるでパプアニューギニアの奇祭のように強烈な出で立ちのボゼやメンドンに比べると、どうしてもインパクトが弱い。それなりに伝統行事のことを調べている僕でさえ、屋久島に行くまでトイノカンサマの存在を知らなかったぐらいなので、知名度という面でも近隣の来訪神に劣ると言わざるを得ない。

――などと、ごちゃごちゃ書いているが、要するに、屋久島に対する僕のイメージはあまりにも貧困なものだったのだ。悪戦苦闘しながら山登りをしたくないばかりに、屋久島に行かない理由をわざわざ探していたとも言えるかもしれない。そうこうするうちに10年20年と歳月が経過し、僕は屋久島に足を踏み入れることなく40代を迎えていた。

琉球音階の歌が屋久島に？

「屋久島の本を書きませんか」。そんなメールが僕のもとに送られてきたのは、２０１９年秋のことだった。

メールを送ってきたのは、国本真治さんという屋久島在住の編集者だった。メールによると、国本さんは15年間働いた東京の出版社を退職したのち、家族で屋久島に移住。キルティブックスという出版社を立ち上げ、『サウンターマガジン』という雑誌を発行しているらしい。

その2週間後、国本さんと会うために指定された渋谷のカフェへ向かった。少し早く着いたので、コーヒーを飲みながら本を読んでいると、バイクのヘルメットを手にした男性がやってきた。それが国本さんだった。

「はじめまして、国本です」

話を聞くと、僕と国本さんの共通の友人であり、僕らのあいだを仲介してくれたディジュリドゥ奏者、ＧＯＭＡさんとはかつて大阪で夜遊びをしていた仲。同い年ということもあって似たような音楽が好きなこともわかり、僕らは知らぬ間に昔からよく知る遊び仲間のように会話を交わしていた。

国本さんは具体的な企画のアイデアを持っていた。それは「とある幻の屋久島民謡を追う」というものだった。

民謡というと、演歌歌手のような出で立ちの歌い手が高音で唸っているようなイメージを持つ方もいるかもしれない。演歌と区別がつかず、少なくとも「自分とは縁のないもの」と考える人も多いのではないだろうか。僕もかつてはそうだったので、その気持ちはとてもよくわかる。

民謡とはもともと日々の暮らしのなかで歌われていた素人芸みたいなものだ。田植えのとき、牛を引くとき、漁師たちが数人で網を上げるとき。そうした労働の最中で歌が歌われたほか、婚礼など祝いの席や地域の年中行事でも民謡が歌われた。つまり、あくまでも市井の人々が自分たちのために歌うものだったのだ。酔っぱらった中年男性がグラスを叩きながら自慢の歌声を披露したこともあっただろうし、普段は目立たない少女が強烈な歌声で一躍村のスターになったこともあったはずだ。

ＹｏｕＴｕｂｅをぐるぐる回遊していると、昭和の時代に撮影されたであろう村の宴会風景に突然出くわすことがある。親戚や村の衆が集まる宴会において、地元の歌自慢が一節唸る。その格好よさといったら！　もちろん、ヘタクソだって構わない。いい顔のおじさんが赤ら顔で地元の民謡を歌い上げている映像に出会うと、僕はとても幸せな気分になってしまう。

いつの間にか特別な指導を受けた者が舞台の上で披露するものとなってしまったが、民謡とは、すなわちそういうものだった。それほど堅苦しいものではなく、気分転換やストレス発散のために口ずさむものでもあったはずだ。

国本さんがアイデアを温めていた「幻の屋久島民謡」もまた、祝いの席で歌われていた「暮らしの歌」だった。その歌の名は〃まつばんだ〃という。

僕が〃まつばんだ〃の話を聞いたのはそのときが初めてではなかった。その数年前、江草さんという友人夫婦から噂を聞き、僕はにわかに好奇心をかき立てられていた。夫の江草啓太さんはピアニスト、妻のゆうこさんは奄美群島の島唄を専門とする歌い手で、ふたりとも南西諸島にたびたび足を運んでは現地に伝わる伝承歌を採集してきた生粋のフィールドワーカーだ。

江草さん夫婦が初めて屋久島を訪れたのは2009年。ひょんなことから〃まつばんだ〃の存在を知り、2012年に発売されたゆうこさんのアルバムで〃まつばんだ〃をレコーディングしている。僕が江草さん夫婦から〃まつばんだ〃の話を聞いたのは、その前後のことだったと記憶している。

江草さん夫婦の話のなかでもっとも興味を惹かれたのは、この歌がかつて琉球音階で歌われていたということだった。

琉球音階とは「レ」と「ラ」を抜いた5音、すなわち「ドミファソシド」で構成される音階のことである。例えデタラメでも、この音階をピアノやギターで弾くと、一般的にイメージされる沖縄調になる。〃ハイサイおじさん〃のあのメロディーを思い浮かべていただくとわかりやすいだろうか。一方、沖縄以北では琉球音階の代わりに民謡音階、律音階、都節《みやこぶし》音階などが使われる。民謡や古いわらべ歌は民謡音階のものが多い。

琉球音階の北限は、沖縄島から北へ60キロ離れた沖永良部島《おきのえらぶじま》とされている。奄美群島の南西部に位置するこの島は、与論島《よろんじま》と共に琉球文化圏に属しているため、伝統的風習の一部は沖縄と共通している。だから、この島で琉球音階の歌が歌われていることは何も不思議ではない。

だが、屋久島はその沖永良部島よりも遥か北方に位置している。その間には奄美群島およびトカラ列島の島々が浮かんでいて、屋久島までくると、明らかに九州のほうが近い。なぜ沖縄から遠く離れたそんな島で、琉球音階の古謡が歌われているのだろうか?

僕はふと、島崎藤村が書いた〝椰子の実〟という一編の詩を連想した。民俗学者の柳田国男が南洋から渥美半島の恋路ヶ浜（愛知県田原市）へと流れ着いた椰子の実を拾い、そのエピソードを藤村へ伝えたことからこの詩が生まれたとされている。

〝椰子の実〟
名も知らぬ遠き島より　流れ寄る椰子の実一つ
故郷の岸を離れて　汝はそも波に幾月
旧の樹は生いや茂れる　枝はなお影をやなせる
われもまた渚を枕　孤身の　浮寝の旅ぞ
実をとりて胸にあつれば　新なり流離の憂

海の日の沈むを見れば　激り落つ異郷の涙
思いやる八重の汐々　いずれの日にか国に帰らん

この詩は昭和に入ってメロディーがつけられ、ＮＨＫの『みんなのうた』などを通じて広く知られるようになった。

僕は子供のころからこの歌が大好きだった。今思うと、後半の歌詞からは故郷を離れて暮らす者の孤独と悲しみが読み取れるが、幼少時代の僕はそんな背景は露知らず、遥か彼方の南洋の孤島から大きな椰子の実がどんぶらこと流れ着く情景にエキゾチックな香りを嗅ぎ取っては、異国に対する憧れを募らせていた。

〝まつばんだ〟もまた、椰子の実と同じように黒潮に乗って屋久島へと届けられたのだろうか？　ただし、椰子の実は潮の流れに任せておけば勝手にどこかの浜に漂着するけれど、歌はそうはいかない。そのメロディーを運ぶ者がいて、初めて異郷の地に辿り着くことができる。では、誰が、どうやって琉球音階を屋久島へ持ち込んだのだろうか？　そう考えていくと、〝まつばんだ〟の伝播を探ることとは、単なる音階の話ではなく、黒潮上を行き来する人の流れを辿ることでもあるのだ。なんともロマンをかき立てられる話ではないか。

コロナ禍でのスタート

江草さん夫婦から話を聞いてから数年の月日が経っていたが、僕は〝まつばんだ〟という印象的な歌の名を忘れていなかった。

〝まつばんだ〟とひらがなで表記すると、どことなくわらべ歌的な言葉の響きがあるし、〝マツバンダ〟とカタカナで書くと、青森の民謡〝ナニャドヤラ〟みたいに謎めいた雰囲気があって、呪文みたいに読めなくもない。そういえば、僕は最初、この歌の名を〝まつぱんだ〟と記憶していた。そのため、間違いに気づいてからもしばらくの間、誰かに〝まつばんだ〟のことを説明するたびに僕の脳内では黒と白のあの生き物の姿が浮かび上がった。

いずれにせよ、〝まつばんだ〟という言葉は、まるで喉に詰まった魚の小骨のように僕の脳裏に引っかかっていたのだ。

国本さんはその〝まつばんだ〟をテーマとする本を作ろうというのである。彼もまた、〝まつばんだ〟が琉球音階で歌われていたことに関心を持ち、企画を持ちかけてくれたわけだが、僕の答えはなんとも歯切れの悪いものだった。なぜならば、江草さん夫婦が現地で調査をした2009年の段階ですでに〝まつばんだ〟を歌える島民はほとんど残っておらず、伝承が途絶えつつあったというのだ。僕自身は〝まつばんだ〟に関する資料さえ持っていないし、それどころか、ゆうこさんの歌以外聴いたことがない。そもそも"まつばんだ"だけで1冊の本を書くことができるのだろうか？

その一方で、国本さんからの依頼に心惹かれるものもあった。伝承歌とはタイムカプセルのようなものである。歌の中にはかつてその時代を生きた人々の記憶や物語がインストールされていて、誰かが歌うことによって封印が解かれる。〝まつばんだ〟というタイムカプセルを開けたとき、そこからはどんな記憶や物語が飛び出してくるのだろうか？　「幻の民謡を追いかける」という国本さんからの誘いに、何かザワザワとしたものを感じたことも事実だった。

僕の不安を知ってか知らずか、国本さんは屋久島の魅力について矢継ぎ早にまくしたてている。編集者に口説かれているというより、旧友から「屋久島、おもしろいところだから遊びにおいでよ」と誘われているような感じがした。

「わかりました。とりあえず、屋久島に行きますよ。本のことはあとから考えましょうか」

「そうですね、そうしましょう」

国本さんは僕の返事に満足したようで、話の内容はふたたび出版業界のゴシップに移り変わっていた。「屋久島で出版社を営む編集者」というから、物静かな山小屋の主人のような人物がやってくるかと思いきや、国本さんは想像とは違うタイプの編集者だった。屋久島の神秘的な側面を一切語ることなく、島の現状をあけすけに語るその口ぶりに、僕は親近感を覚えるようになっていた。これもまた縁というものだ。とりあえず、屋久島に行ってみよう。

最初のミーティングからそう間を置かずに、僕は鹿児島に向かう飛行機のチケットを押さえた。出発日は2020年2月15日。鹿児島から屋久島までは飛行機でわずか40分ほどだが、初めて島へ足を踏み入れるわけだから、鹿児島から屋久島までの距離感もしっかり感じたい。そのため、わざわざ3時間かかるフェリーに乗って島に渡ることにした。

そうして僕は、初めて屋久島の地に足を踏み入れることになったのだった。かなり軽い気持ちで国本さんの誘いに乗ったわけだが、僕は島で〝まつばんだ〟に関する思いもよらぬ話を聞くことになる。

2020年の1月16日、国内初の新型コロナウイルス感染者が報告された。感染が確認されたのは、中国・武漢への渡航歴のある神奈川県在住の30代男性。翌月には横浜港に到着したクルーズ船、ダイヤモンド・プリンセス号で新型コロナウイルスの感染者が確認され、最終的には700人を超える感染者が判明した。同じ2月には国内初の死亡者も確認され、対岸の火事だと思われていた感染症の恐怖が少しずつ日本全土へと広がっていった。

今思うと、屋久島への旅の計画を立てていた2020年1月から2月にかけての日本は、まだまだ平和だった。東京を歩いていてもマスクを着用している人は時たま見かける程度。海外にはしばらく行けなくなるかもしれないけれど、日本は大丈夫だろう。そんな楽観的なムードがあり、僕も武漢やダイヤモンド・プリンセス号で起きていることを他人事として捉えていたように記憶している。

それよりも、鹿児島港から宮之浦港へと渡るフェリーの運航状況が気がかりだった。2月の屋久島の海はなかなか荒れるそうで、欠航の可能性もあるという。そんなことだったら最初から飛行機を押さえておけば良かったが、いまさら言っても仕方がない。とりあえず鹿児島まで行き、欠航となったら次の策を練ろう。僕は旅の準備をしながら、そんなことばかりを考えていた。

このときは知る由もなかったが、2020年2月のこの旅の直後には、新型コロナウイルスの感染が日本でも爆発。屋久島どころか、自宅からの外出すらもままならなくなる。僕にとって1回目の屋久島旅行とは、マスクをつけなくても遠方に気兼ねなく出かけることのできた、コロナ以前最後の旅となるのだった。

第1章

歌であって、歌以上のなにか――真冬の屋久島へ

自然遺産登録以降の変容

２０２０年2月15日（土曜日）

朝８時半に鹿児島の南埠頭旅客ターミナルを出発したフェリー屋久島２は、予定よりも10分ほど遅れた12時45分ごろ、屋久島の宮之浦港に到着した。

前日の飛行機で鹿児島に入り、友人と何軒かの酒場をハシゴしたこともあって、内臓の奥のほうでは前日たらふく呑んだ芋焼酎の余韻がしっかりと残っていた。ぐらぐらと揺れるフェリーの上では二日酔いが悪化しそうだったが、壮大な屋久島の風景が、内臓中に広がる息苦しさを吹き飛ばしてくれるような気がした。

フェリーのタラップを下りると、濃密な島の空気が全身を包み込んだ。潮風と木々の匂いと土の香りが混ざり合ったその空気は、鹿児島を出るときには感じることのなかったものだ。この日の最高気温は20・9度、最低気温は16度、天気は小雨。山々は靄《もや》がかかったようにぼんやりとしていて、かえってその荘厳さを際立たせている。

フェリーを下りてしばらく歩くと、僕のことを迎えに来てくれた国本さんと奥様の美樹さんの姿が目に入った。

「お疲れさまです。屋久島へようこそ」

国本さん夫婦との挨拶はほどほどに、まずは昼食を食べるため、宮之浦の茶屋「やまがら屋」に向かった。

国本さん一家はこのとき移住8年目。友人に誘われて屋久島に遊びに来たところ、島の自然に魅了されて移住を決意した。国本さんは出版社を営む一方で、2015年秋からはアナンダ・チレッジというホテルも経営している。

美樹さんはヨガ・インストラクターでもある。アナンダ・チレッジの一角はヨガスタジオにもなっていて、定期的にヨガクラスも開催しているのだという。

国本さん夫婦には、あなんちゃんという娘さんがいる。物心つく前に屋久島へやってきたあなんちゃんは島の生活にも馴染んでいるようで、島のあちこちに友達がいる。

「やまがら屋」はロッジ風の洒落た定食屋だった。地元の食材をふんだんに使った家庭料理がこの店の売りで、国本さん夫婦お気に入りのお店らしい。

店主は彼らと同じく移住者。港から少し車を走らせただけで洒落たカフェやショップがいくつも目に入ったが、そうした店の多くは移住者が営んでいる。美樹さんのヨガスタジオにやってくるのも移住者が中心だ。

屋久島町が2020年に行った人口調査によると、島の人口は2015年の段階で1万2913人。2000年は1万3875人ほどだったので、15年間で900人強減少した計算になる。その一方でUターン・Iターンは増えており、30〜40代では転入数が転出数を上回る流入超過の傾向にある。移住者はこの30〜40代が中心となっていて、国本さん夫婦もちょうどその世代だ。若年層は進学や就職による流出超過にあるものの、移住者の流入が屋久島の人口減少に多少歯止めをかけているのだ。

そのため移住・定住対策は常に島の重要課題となっている。町議選などの選挙においても移住者の意見が少なくない影響を与える。島の経済活動でも一定の役割を担っているようで、国本さんによると島内の登山ガイドの多くを移住者が占めているらしい。

屋久島が観光の島として大きく舵を切ったのは、1993年にユネスコの世界自然遺産に登録されて以降のことだ。かつて漁業や林業などの第一次産業によって支えられていた島の経済は、それ以降で観光業が中心となった。昭和後半までは屋久島への入島者数は年間11万人から12万人台で推移していたものの、平成元年に高速船トッピーが就航すると17万人に急増。世界自然遺産に登録されるとさらにその数は増え、ピークとなる2007年には40万人を突破した。なお、この数は島民の移動も含まれているため、旅行者数のみを示すものではない。だが、入島者数の大幅な増加の背景にユネスコの世界自然遺産登録と、それに伴う観光客の増加があったことは間違いない。

観光客の急激な増加は島に莫大な経済効果をもたらす一方で、さまざまな問題も巻き起こした。観光客は金と同時にゴミを持ち込み、多くの人々が行き交うことで登山道も荒れた。そのため世界遺産登録は必ずしもすべての島民に歓迎されたわけではなかったようだ。

屋久島にとっての戦後とは、島を覆う原生林の伐採と保護で島民の意見が二分される分断の時代でもあった。木材需要の高まりから屋久島の森林が急激なスピードで伐採が進められたのは高度経済成長期以降。そうしたなかで屋久島の原生林伐採に反対する「屋久島を守る会」が立ち上げられる。島の内外で巻き起こった運動の成果もあり、昭和50年（1975年）には島の一部が原生自然環境保全地域に指定。同じころには輸入材の占める割合が増加し、国有林事業が縮小したことも影響して、屋久島の原生林はひとまず守られることになった。

だが、世界自然遺産登録以降の観光客の増加は、島に予期せぬ変化をもたらした。

屋久島を守る会の長井三郎さんは、「屋久島を守るということ」というテキストのなかで世界遺産登録後の島の変貌ぶりを嘆いている。大型フェリーの就航、高速艇の増便、民宿や大型ホテルの建設ラッシュ、雨後の筍のように出現したレンタカー店。そして、長井さんはこう続けるのだ。

「世界遺産」という冠は「食える」とばかりに、さまざまな土産品が作られ、雑誌や書籍が発行され、コマーシャルや映画が撮影された。マスコミに取り上げられるたびに、また新たに島を「食い物」にする人たちが出現し上陸してきた。この島はどこへゆくのだろう……。

屋久島が「世界遺産」に登録された時、ぼくは虚しさと腹立たしさの入り混じった複雑な気持ちで、事の推移を眺めていた。「世界遺産」に登録されなければならないほどに、この屋久島の自然も世界の自然も危機的状況になってしまったんだ、という思いと、その世界遺産の安易な網のかぶせ方に、疑問を感じていたからである。（長井三郎「屋久島を守るということ」）

僕は長井さんのこの一文にハッとさせられた。屋久島に限らず、島は外部から押し寄せるものに対してあまりにも弱く、ちょっとしたことで島のバランスは崩れてしまう。世界自然遺産登録以降、屋久島で起こった変化は決してプラスのことばかりではなかった。外から島にやってきた者は、屋久島のそんな弱さに対して常に意識的でいなくてはならない。もちろん、〝まつばんだ〟に導かれて屋久島へやってきた僕も例外ではない。

　屋久島の観光客数は２００７年以降少しずつ減少している。観光地として衰退したというより、屋久杉ブームもあった２０００年代半ばが異常だったのだ。どちらが良かったのか、島外の人間である僕には判断することができない。

　初めて訪れた屋久島の地は、オフシーズンの2月ということもあって落ち着いた雰囲気を漂わせていた。車で県道を走っているとたびたび大きなバックパックを背負った観光客を目にするが、その数は決して多くない。大量の観光客が島に押し寄せた２００７年ごろの光景は、たとえオフシーズンであってもこんなものではなかったはずだ。

この日の夜は、僕のリクエストで温泉に出かけることになった。

「ホテルの綺麗な温泉とめちゃくちゃローカルな温泉があるんですが、どっちがいいですか？」

僕にそう尋ねる国本さんの話しぶりは、どう聞いても「ホテルの綺麗な温泉」のほうを望んでいるように感じられたが、わざわざ屋久島までやって来てホテルの温泉はない。国本さんには悪いが、僕は迷うことなく「めちゃくちゃローカルな温泉」だという尾之間《おのあいだ》温泉を選択した。

九州は全国有数の温泉大国であり、なかでも鹿児島は素晴らしい温泉の宝庫である。僕も鹿児島を訪れるたびにいくつもの温泉を巡れているが、その夜入った尾之間温泉は僕の温泉ランキングの上位に躍り出るほど強烈なものだった。源泉から吹き出す熱湯の温度は49度。かなり熱いものの、その熱さに耐えているうちに、大地の奥深くと直接繋がっているような感覚になってくるのだ。

〝まつばんだ〟のことは何ひとつわからずじまいだったが、そんなことよりも尾之間温泉である。日本最高峰ともいえる湯に浸かり、僕はとても幸福な気持ちで眠りに落ちた。

ひと月に35日雨が降る島

2020年2月16日（日曜日）
屋久島滞在2日目。
この日はまず、町営の屋久杉自然館を訪れることになった。ここは屋久杉にまつわるあらゆる情報をまとめた博物館であり、島の林業が辿ってきた道程に触れられる場所である。

屋久杉とは屋久島に自生するスギの地域名称だ。秋田杉や立山杉、北山杉など各地域固有のスギの呼び名があるが、当然のことながら屋久島に生えるスギだけが屋久杉と呼ばれる。スギの平均寿命は500年とされているが、屋久島では樹齢1000年を超えるスギを屋久杉と呼び、なかには2000年を超えるものも自生している。

屋久杉自然館によると、屋久島は新鮮な水に恵まれながらも、栄養が乏しい花崗岩に覆われているため、屋久杉の成長スピードはとても遅いのだという。長い時間をかけてゆっくり成長してきた屋久島のスギは、平均的なスギの何倍もの時を生き抜いてきたわけだ。

古来、屋久島の森は神の領域であり、なかでも奥岳と呼ばれる島中央部は女人禁制の聖域とされていた。屋久杉の本格的な伐採が始まったのは、屋久島が薩摩藩の領地となった太閤検地以降といわれている。豊臣秀吉は京都・方広寺の大仏殿を建立するため、用材の調達を全国の大名に命じたが、その際屋久杉が切り出されたという。

江戸時代に入ると、屋久杉の伐採はさらに進んだ。キーパーソンは屋久島・安房《あんぼう》出身の儒学者、泊如竹《とまりじょちく》（1570〜1655年）。薩摩藩に仕えていた如竹は、島民の生活向上と藩財政の安定のため、屋久杉を年貢として納めることを藩に提言。法華宗《ほっけしゅう》の僧侶という一面もあったことから、屋久杉の伐採を恐れる島民たちに対してはみずから説得を試みた。

如竹のやり方はなかなかユニークなものだった。山中に入っていくと「今後屋久杉を世のために伐採すべし。ただし斧を一晩根元にたてかけておき、斧が倒れた場合は伐採してはいけない」というお告げを得たとして、それを島民たちに伝えたのだ。その結果、「屋久杉を切ってはならない」というタブーは破られることとなり、幕末までに5割から7割の屋久杉が伐採されることになった。現在残っている屋久杉の多くは曲がりくねっていたり、大きなコブがあったりと少々いびつな形をしたものがほとんどだが、これらは加工に適していないという理由から手をつけられなかったものである。スラッとした屋久杉はこの当時伐採され、薩摩藩に納められてしまったわけだ。

如竹がやったことがいいことだったのか、悪いことだったのか、少々判断に悩むところではある。屋久杉を年貢として納めることによって島の経済は安定した。実際に如竹は現在でも「屋久聖人」と呼ばれ、その功績を讃えられているのだ。歴史に「もしも」はないけれど、もしも如竹がタブーを破らなかったとしたら、その後の屋久島の歴史はどのようなものになっていたのだろうか?

屋久杉自然館では「山師《やまし》」と呼ばれる人々のことも知った。山師とは島の山仕事に携わる人々のことで、彼らは土埋木《どまいぼく》と呼ばれる倒木や切り株を切り出し、里まで下ろすことを仕事のひとつとしている。僕が興味を持ったのは、土埋木を切り出したあと、スギの苗木を植えることも仕事としている点だ。山師は森林の再生も担ってきたのである。

屋久杉自然館を出たあと、国本さんの提案で屋久杉を見にいくことになった。真冬の屋久島の森に入る度胸は僕にはないけれど、ありがたいことに車ですぐ間近までいくことができる屋久杉があるという。

安房集落から山の中央部へと走ってしばらくすると、ヤクスギランドと名付けられた自然休養林のエリアを通過する。そこからさらに安房林道を進んでいくと、みるみる標高が上がり、車窓から見える植生も変わっていく。高山の雰囲気が充満していくのが車中からもわかる。

ヤクスギランドから車で約15分。標高1200メートルの地点に、推定樹齢3000年といわれる紀元杉は立っていた。3000歳ということは、イエス・キリストや仏陀よりもずっと先輩。日本でいえば縄文時代から弥生時代へと移り変わりつつあった時期だ。それだけの時間を生きてきただけであって先端は枯れてしまっているものの、幹の表面は筋肉のように隆々としており、生命力が漲っている。小雨が降っていることもあって、樹皮を覆う苔は艶々としている。この巨樹を前にすると、自分がいかにごくわずかな時間を生きているだけの小さな存在であるか実感させられる。かつての山師たちはいったいどんな思いで屋久杉を伐採していたのだろうか？　少なくとも僕にはこの幹に斧を打ち込む勇気はない。

紀元杉を見上げながら、詩人・山尾三省《さんせい》が書いた〝聖老人〟という詩を思い浮かべていた。三省は昭和52年（1977年）に東京から屋久島の廃村へと一家で移住したが、この詩はその数年後に書かれたものだ。

〝聖老人〟
屋久島の山中に一人の聖老人が立っている
齢およそ七千二百年という
ごわごわしたその肌に手を触れると
遠く深い神聖の気が沁み込んでくる
聖老人
あなたは　この地上に生を受けて以来　ただのひとことも語らず
ただの一歩も動かず　そこに立っておられた
それは苦行神シヴァの千年至福の瞑想に似ていながら
苦行とも至福ともかかわりのないものとしてそこにあった
ただ　そこにあるだけであった

〝聖老人〟はこうした一節から始まり、「あなたが黙して語らぬ故に　わたくしは　あなたの森に住む　罪知らぬひとりの百姓となって　鈴振り　あなたを讃える歌をうたう」という「聖老人」への美しい賛美で幕を下ろす。

言うまでもなく、「聖老人」とは屋久島の奥深くに自生する屋久杉のことである。この詩には、移住から間もない三省が日々実感していたであろう感覚が滲み出ている。屋久島の豊かな自然環境とともに生きる喜び。自然の圧倒的な力に対する畏れ。三省がこの詩を書いてから40年以上の月日が経過したが、「聖老人」は今も屋久島の地に生き続けている。僕はそのことに静かな感動を覚えていた。

ただでさえオフシーズン、しかも冷たい小雨の降る日ということもあって、僕らは誰にも邪魔されることなく、紀元杉との贅沢な時間をゆっくり堪能した。

それにしても屋久島はよく雨が降る。滞在中も基本的に毎日雨が降っている状態で、時たま思い出したように雨がやみ、ほんのわずかな時間だけ晴れ間が顔を覗かせてくれるような感じだ。だが、都心とは違って屋久島の小雨は決して不快なものではない。屋久島のそれはまるで天然のミストサウナに入っているような心地良さなのだ。

作家・林芙美子《ふみこ》は代表作のひとつ『浮雲』を書くために安房川近くの安房旅館（現在のホテル屋久島山荘）に投宿している。滞在中に雨の屋久島を嫌というほど体感したのだろう、『浮雲』にはこんな会話が出てくる。

「こゝは、雨が多いンださうですね」
（中略）
「はア、一ヶ月、ほとんど雨ですな。屋久島は月のうち、三十五日は雨といふ位でございますからね……」（林芙美子『浮雲』）

屋久島の年間降水量は約4400ミリメートルに達する。東京がだいたい1500ミリメートル程度なので、一年を通して約3倍もの雨が降り注ぐわけだ。「ひと月に三十五日雨が降る」というのは冗談だとしても、そう例えたくなる気持ちはとてもよくわかる。

ちなみに、約4400ミリメートルという数値はあくまでも集落での降水量であって、山のなかに入ればさらにその数値は上昇。頂上付近では1万ミリメートルもの雨が降るらしい。屋久島の森の美しさは、天から降り注ぐ雨が作り出しているわけだ。

かつて伊豆諸島の御蔵島《みくらじま》を訪れたとき、蛇口をひねって出てきた水道水の美味しさに感動したことがあった。その水を使って炊いた白米も美味ければ、コーヒーも美味い。シャワーを浴びても都心のそれとは違う爽快感があって、水が違うだけでこんなにも日々の暮らしは豊かになるものかと驚いたものだった。

僕は屋久島でも同じことを感じた。歯磨きや洗顔をしているだけで「あ、水が違う」と驚かされたし、何を食べても美味しい。真冬にもかかわらず、島で取れた野菜や果物は水分をたっぷり含んでいて実に瑞々しい。屋久島は「水の島」でもあるわけだが、そのことは味覚や視覚だけでなく、皮膚を通じても実感することができた。

屋久島が「水の島」であることを痛感させられたエピソードをもうひとつ記しておこう。島では豊富な水力資源を利用すべく、昭和27年（１９５2年）に屋久島電気興業株式会社（現在の屋久島電工株式会社）が設立。安房川水系にダムと3か所の水力発電所が作られ、島の電力のほとんどをまかなうことになった。現在では島内を4つのエリアに分け、上屋久町電気施設協同組合、種子屋久農業協同組合、安房電気利用組合、九州電力株式会社という4つの組織が、民間企業である屋久島電工株式会社から購入した電力を各家庭に配電している。

電力を配電している2組合は、地域の住民が作った共同組合でもある。つまり、屋久島は大手電力会社に頼ることなく、島の水力資源を使って生み出したエネルギーを自分たちの組合を通じて各家庭に還元するシステムを作り出しているのだ。

水は人々や木々を潤すだけでなく、エネルギーすらも生み出している。さすが「ひと月に三十五日雨が降る」屋久島だ。僕は滞在中、たびたび水のありがたみを噛みしめることになった。

先住民と移住者たち

２０２０年2月17日（月曜日）

屋久島滞在３日目。

「今日はまず、車で島を一周してみましょうか」

自分で淹れたコーヒーを飲みながら、国本さんが本日の予定を発表する。アナンダ・チレッジのある島最南端の平内《ひらうち》集落をスタート地点として、西廻りで一周しようというのが国本さんのプランだ。そろそろ〝まつばんだ〟の何たるかに触れたいところだが、確かに各集落の概要を捉えておきたいと思っていたので、僕は迷うことなく国本さんの提案に賛同した。

屋久島は海岸線沿いに県道が走っていて、ぐるりと一周することができる。集落は基本的に県道に沿った形で形成されているので、県道を走るだけでほとんどの集落を通過することができるのだ。その距離は約100キロ。県道から少しでも内陸部に入ると、そこには広大な森と険しい山の世界が広がっている。人が住む場所とそれ以外のモノが住む世界が、屋久島ではくっきりと分かれているのだ。

平内は移住者も多く、どこか開放的な雰囲気のある集落だ。そこから西へ進むと、湯泊《ゆどまり》、中間《なかま》、栗生《くりお》というこぢんまりとした集落が続く。栗生はかつて南部随一の漁業の村として栄え、琉球や九州各地との交易の拠点となる場所だったというが、その面影は現在ではほとんど見られない。

栗生からさらに県道を進むと、全長25キロの西部林道に入る。屋久島の世界遺産エリアはすべて内陸部に広がっているが、西部林道一帯は沿岸部唯一の世界遺産でもある。急峻な地形のためこの区間に集落はなく、人の代わりに無数のヤクシカとヤクザルが住んでいる。人に慣れていることもあって、彼らは車のすぐ近くにまでやってきては、「見慣れないやつが来たな」と訝しげな眼差しでこちらを凝視している。

西部林道を走ってしばらくすると、荒波の向こう側に口永良部島《くちのえらぶじま》の島影が現れた。屋久島から約12キロ。人口100人ほどの小さな島だが、屋久島側から見るとなかなかの迫力だ。

国本さんが走らせる車は、永田、吉田、一湊《いっそう》という北部の中心的集落を抜けていく。

「南部のほうは移住者も多いけど、北部のほうはローカルなコミュニティーが残っているところが多くて、集落の雰囲気がちょっと違うんですよ」

国本さんがそう言うように、荒波がザバーンと打ちつけるその光景はほとんど演歌の雰囲気だ。南国の開放感さえ漂う南部とはずいぶん印象が違う。


そのように屋久島の北部と南部は、コインの裏と表のように島の異なる一面を風景のなかに写し込んでいる。そして、その違いとは、移住者の住む割合によって決定づけられているようにも感じられた。移住者が経営する飲食店やショップは安房や宮之浦のような大きな集落、あるいは南部に集中しているが、北部になるとそうした移住者の気配が薄れ、港町のムードがぐっと色濃くなる。それは車で走っていてもわかるほどで、国本さんがなぜ南部の平内集落にアナンダ・チレッジを建てたのか理解できる気がした。

この島において、元からの島民と移住者たちは互いに距離を取りながら共存している。少なくとも僕の目にはそう映った。ただし、島民の多くは移住者を拒絶しているわけではない。他の離島と比べると、むしろオープンなほうといえるだろう。

その一方で、移住者はたとえ何十年と島に住み続けたとしても移住者であり、島生まれの住民とはどこかで一線が引かれている。そして、移住者のほうもそのことを理解している。国本さんも何年島に住み続けようとも自分が「島民」にはなれないことを覚悟しているようだった。

だが、そうした絶妙なバランスが、この島の調和を作り出している。それは山尾三省の時代から移住者たちが少しずつ築き上げてきた島民との関係性が下地になっているのかもしれない。国本さんの走らせる車の助手席に座りながら、僕はそんなことを考えていた。

〝まつばんだ〟の再生

もうひとつ、この日初めて知ったことがあった。国本さんから最初のメールが送られてきた段階では知らなかったが、屋久島では数年前から〝まつばんだ〟の再生が始まっていたのである。

再生のきっかけとなったのは、２０１５年11月に開催された第3回屋久島学ソサエティ。屋久島の風土や歴史について専門家と島民が学び合い、共有された知識を地域社会のために活かそうという横断型の研究会だ。

この第3回大会では〝まつばんだ〟の起源を探ることがテーマのひとつとして掲げられていて、沖縄伝承音楽の研究者である杉本信夫さんが〝まつばんだ〟に関する講演を行った。それに合わせて島の有志が「まつばんだ受け継ぎ隊」を結成。残された音源を元に練習を重ね、舞台上で〝まつばんだ〟を披露した。屋久島学ソサエティではその後も島民たちが歌を披露することが定例化しており、伝承が途絶えかけていた〝まつばんだ〟が少しずつ息を吹き返しつつあるのだ。

安房川のほとりに佇むカフェバー「散歩亭」で、歌の再生に取り組む方々に話を聞くことになった。

ひとりめは安房集落育ちの緒方麗《うらら》さん。歌い手として活動する一方で、昭和50年（1975年）にお父さんがオープンさせた「散歩亭」を家族で営むほか、ライターとしてさまざまな媒体に屋久島に関するコラムも寄稿している。麗さんはこう話す。

「〝まつばんだ〟は歌うのが本当に難しいんです。メロディーの上下が激しくて、屋久島の地形みたいな感じがする。私も歌い始めてから数年経つのに、これでいいのだろうか？と、まだこの歌の本質を見つけられないでいます」

もうひとりは、音楽家のあべ心也さん。神奈川県横浜市に生まれ育ち、東日本大震災を機に義父の故郷である屋久島にやってきた。あべさんは音楽家として島の民謡や伝承歌に取り組みつつ、屋久島学ソサエティでは〝まつばんだ〟の再生にも取り組んでいる。彼は老人たちから歌を習う「歌の会」も開いているという。

「僕はあとから島に来た人間なので、直接歌を習った経験がなかったんですね。土地との繋がりがほしくて、老人ホームにいらっしゃる方に古い歌を教えてもらっているんです。ただ、そういう方々でも〝まつばんだ〟のことは知らない。みなさんが知っているのは鹿児島由来の〝はんや節〟、あるいは昭和に入ってからの新民謡、そういうものですね」

麗さんもこう続ける。

「島でも〝まつばんだ〟という歌があるということを知ってはいても、実際にその歌を聞いたことがあるという人はほとんどいません。しかも、知っていたとしても高齢な人が多くて、だいたい記憶が曖昧なんです」

彼女によると、歌としての〝まつばんだ〟はほとんど忘れられているものの、路線バスやタクシーを運営している「まつばんだ交通」があるため、〝まつばんだ〟という言葉だけは全島民に知られているのだという。ひょっとしたら「まつばんだ交通」という会社名の由来が島の民謡であることを知らない若者や移住者もいるのかもしれない。

ところで、なぜ〝まつばんだ〟の伝承は一度途絶えたのだろうか。

麗さんは「難しくて歌える人がいなくなった」と話すが、それは確かに事実だろう。また、世代が変わるなかで島の伝統が忘れられていくのは当然のこと。屋久島に限らず、全国どこでも時代が変われば地域の伝統は忘れ去られていくものである。

だが、麗さんとあべさんの考察は、屋久島の島民性にも関わるものだった。まずは麗さんの考察から。

「これは私の持論なんですけど、奄美や沖縄はさまざまなかたちで迫害や搾取されてきた歴史があります。だからこそ歌や踊りが生まれ、日々の慰めや自分たちのアイデンティティーを残す方法とされた。それが文化という形で継承されてきたんだと思うんです。でも屋久島は、そこまでの搾取や迫害が少なく、しかも島民性として、どこか努力を嫌うところがあるような気がします。私がまさにそうなんですが（笑）。

奄美や沖縄に比べると、屋久島は芸能など文化の輪郭がはっきりしていないと思われる方もいるかもしれないけれど、それはこの島の自然の豊かさが関係していると思うんですよ。頑張って草むしりしても、ひと雨降ると元どおりになるし。最初から自然には敵わないことがわかってるんですよね。だから『自然に身を委ねながら生きていこう』という感覚をどこかに持っていないと、やってこれなかった気がするんです」

あべさんもこう続ける。

「豊かさの裏返しでもありますよね。このあいだ年配の方に空襲にあったときのことを聞いたんですよ。宮之浦も何か所か爆撃されたそうなんですけど、そんな状況でも食うには困らなかったというんですよ。今もイモを植えてみるとわかるんですけど、ものすごい勢いで成長するんです。もちろんみんな貧乏だったと思うけど、海にいけば魚を取れるし、山にいけば水も飲める。そういう島なんですよね」

ふたりの考察はとても興味深い。圧倒的な自然の力と常に対峙しているからこそ、屋久島の人々は人間の無力さというものをよく知っている。そうした感覚は、屋久杉を前にしたとき僕のなかに湧き上がってきた畏怖に似た思いとも通じている。「なるがままに／あるがままに生きる」という姿勢は、麗さん流に表現すれば「努力するのが嫌い」となるのかもしれないけれど、現状をどう認識し、どう受け入れていくかという人生観に関わるものでもあるはずだ。そして、屋久島には「なるがままに／あるがままに生きる」ことが許される豊かな環境があった。

〃まつばんだ〃の伝承が途切れたのは、どうやらただ単にかつての島の暮らしを知る世代が減り、生活環境が変わったという理由だけではなさそうだ。いきなり大きな課題を受け取ったような気もするけれど、引き続きあべさんの話に耳を傾けてみよう。

「屋久島の仕事って集落内での共同作業が少ないんです。種子島でいうところの〝草切り節〃みたいな、みんなで歌うものが多くないんですよ。必要としていなかったんでしょうね。あと、かつて琉球から薩摩に向かう船は、屋久島に寄って薪と水を入手したそうなんです。そういうときに立ち寄った琉球の船乗りがメロディーだけ置いていって、そのメロディーを屋久島の言葉で歌った。〃まつばんだ〃はそういう風に生まれたんじゃないかなと思うんですよ」

あべさんは用事があるとのことで、ここで退席することになった。どうやら時間がないなかで僕らに会いに来てくれたらしい。あらためてお話を伺うことを約束してあべさんと別れた。

詣所での不思議な体験

さて、麗さんに話の続きを伺おう。次の質問を考えていると、麗さんが突然こんなことを言い出した。

「私にとって〝まつばんだ〟は本当に不思議な曲なんです。まるで『まつばんだ様』という人格が宿っているかのよう」

「えっ、どういうことですか」

「数年前、この歌を歌うことになったとき、これは大変なことになるという予感がありました。いざ取り組んでみたら、人生最大レヴェルの大デトックスと、精神と身体の改革とが一度にやってきて。『〝まつばんだ〟を歌うのには資格がいるんだよ』と言われているようでした」

なんだか不思議な話になってきた。まつばんだ様だって？

麗さんは以前、ＭＢＣラジオ（南日本放送）の番組『やくしまじかん』に屋久島を守る会の長井三郎さんと出演し、〝まつばんだ〟について話をしている。そのなかで三郎さんは〝まつばんだ〟がそう気軽に歌って許される歌ではないこと、長井さん自身も〝まつばんだ〟は歌えないことを語っている。「歌えない」というのは技術的な話ではない。自分には歌う資格がない——三郎さんの言葉にはそんなニュアンスが込められているようにも感じられた。

「三郎さんが話しているのを聞いて、私も同じように感じていたから、少しホッとしました。〝まつばんだ〟は他の歌とは違うし、私にとってあの歌を歌うということは、祈りに近い感覚なんです。だから〝まつばんだ〟に出会って、頻繁に神社にお参りに伺うようになりました」

暮らしが変われば、当然歌われる歌も変わる。歌とは常に時代の移り変わりのなかで自然淘汰されていくものだ。だが、麗さんの話を聞くかぎり、〝まつばんだ〟はそうした民謡とは別のなにか、たとえば島民の精神性と密接に結びついたものなのかもしれない。僕のそんな思いつきを察したかのように、麗さんはこう続ける。

「屋久島の文化の背景には山岳信仰があるんですよ。切っては切れない関係。どの集落からも山が見えますから」

もう少し突っ込んで話を聞いてみよう。屋久島の人たちにとって山はどういう存在なんだろうか。親しみを感じているのか、あるいは恐れを感じているのか。

「私たちは小さいころから『山の奥へ行ってはいけない』と言われていました。たとえばこれは地元の友人たちの間で共通している感覚なんですが、海で遭難や事故があると『可哀想に』とすぐに思えるのですが、山で同じようなことがあると、心のどこかで『入ってはいけない領域に入ったからだ』という気持ちが出てくる。地元の人たちにとっては、山は神聖な場所だという意識が今だにあるんです」

麗さんによると、屋久島の山には山姫や妖怪などの話が数多く残されているのだという。大昔の話ばかりではない。近年になっても、目撃談や不思議体験を話す人がいるらしい。こうした話は各地の民話集で目にすることがあるが、麗さんは実際にそうした体験をした人から話を聞いているそうで、なんともいえぬリアリティーがある。

麗さんはもうひとつ、自身の体験を話してくれた。場所はとある集落にある詣所《もいしょ》と呼ばれる場所だ。

屋久島ではすべての集落の背景に山々が広がっている。山々には一品法寿大権現《いっぽんほうじゅだいごんげん》の祠があり、年に2回、その祠へお参りする「岳参り《たけまいり》」という風習が各集落ごとに行われてきた。

ただし、山の世界はかつて女人禁制であり、岳参りに参加することができるのは男たちに限られていた。そのため、女たちは各集落の詣所で男たちを見送り、帰ってくる彼らを迎えた。詣所とはそのように行く人と見送る人の境界線であり、人の生きる里と神々の棲む山の世界の境界線でもあるのだ。

詣所には各集落の詣所にあった祠が集められていて、いわば神様の集会所という一面も持つ。

「あるとき、〝まつばんだ〟を島外で歌わせていただく機会があったんですよ。島の文化を外に持ち出すことになるので、神社に報告に伺おうと車を走らせていました。すると途中でふと『いつもの神社ではなく、今日は詣所に行ってみようかな』と思い、方向転換して詣所に向かったんです。参道を歩いていると、どうもいつもと様子が違う。なんだか目の前がぐにゃぐにゃ歪んでいるように感じるんです。あれ、貧血かな、と何度も立ち止まって確かめました。でも、ぐにゃぐにゃしているのは自分じゃなくて周りなんです。不思議と怖くはなく、落ち着いていました。祠の前で目を瞑り、両手を合わせたとたん、今まで気づかなかった森の音が聴こえてきました。まるで森が奏でるシンフォニーのように、木々が揺れて葉が擦り合う音、鳥の鳴き声、川のせせらぎが聴こえてくる。なんて綺麗なんだろうと、聴き惚れていたんです。そのとき、ふと〝まつばんだ〟を歌ってみたんですね。自分の心の中に向かって。

どれくらい時間が経っていたかもわからず、ふと目を開けなきゃと、現実に引き戻された感覚になりました。でも、なんだか開けるのが怖い。おそるおそる目を開けると、飛び込んできたのは、祠の中にある鏡に映る自分の顔でした。そのとき、すべてが腑に落ちたような感覚になりました。するとと、森の奥から冷たい風が一筋、本当に一筋だけ吹いたんです。『あ、帰りなさいってことだ。闇が来るんだな』と感じ、時計を見ると15時でした。森が奏でるシンフォニーを聴きながら参道を戻り、あまりに美しい音なので携帯電話で録音してみたんです。1分ほど録り、停止しようと画面に指を近づけると、指が触れる寸前に画面が暗くなる。おかしいなとそれを何回か繰り返したところで、何か大きな力を感じたんです。なんとなく終わりを感じたところで指を近づけると、すんなり止めることができました。

この話、誰が信じてくれるかわかりませんが、私が確かに体験したことなんです。実はそのときに録音した森の音は、私が〝まつばんだ〟を歌うときにバックで流しています。もしかしたらまつばんだ様からのプレゼントだったのかもしれないですね」

麗さんはそこまで一気に話すと、すっかりぬるくなったコーヒーを一口すすり、「〝まつばんだ〟を歌ううえで、そのときの体験が私にとってすごく大きかったんです」とつけ加えた。

屋久島に棲むすべての命が麗さんを瞬時のうちに囲い込み、壮大な合奏曲を奏でている場面が脳裏に浮かんだ。確かに屋久島の地に佇んでいると、自然そのものに包み込まれているような感覚に陥ることがある。屋久島で生まれ育った麗さんはその感覚がより研ぎ澄まされ、解像度が高いだけに、包み込むものが何か探り当ててしまうのかもしれない。

〝まつばんだ〟とはいったいなんなのか、今の僕にはまったくわからない。だが、麗さんの話を通じて、歌の背景に広がるものの広大さ・奥深さが少しだけわかったような気もした。歌であって、歌以上のなにか――それが現在の僕が知る〝まつばんだ〟のすべてだ。島民でさえそう簡単に歌ってはいけないと考えているわけだから、島の外部者にすぎない自分が関わるということは、かなりの覚悟が必要だろう。

ずっしりとしたものを抱えながら散歩亭を出ると、驚くことに先ほどまで空を覆っていた暗雲が消え去り、そこには見たことのない大きな虹がかかっているではないか。屋久島にやってきて青空を見たのが初めてならば、自分の人生でここまで大きな虹を見たこともない。僕はそれほどスピリチュアルな人間ではないけれど、麗さんの話を聞いたあとだと、その光景がまるでまつばんだ様からの祝福のようにも感じられた。それとも僕は屋久島の雨に打たれすぎておかしくなってしまったのだろうか？〝まつばんだ〟というまぼろしの古謡を追いかける旅に誘われ、軽い気持ちで屋久島にやってきたわけだが、どうやらもう引き返せないところまで来てしまったようだ。

上空には抜けるような青空と銀色に輝く雲が広がっている。屋久島に来てそんな空を見たのは、そのときが初めてだった。空が笑っている。そんな気がした。

幻の〝まつばんだ〟音源を聴く

2020年2月18日（火）

屋久島滞在4日目、最終日。

寝ている間に雪が降ったようで、アナンダ・チレッジの背後に広がる山々の頂上はうっすらと雪化粧をしている。

この日は昼のフェリーで鹿児島に戻ることになっているので、使える時間が限られている。国本さんと相談した結果、前日麗さんの話に出てきた詣所に行くことになった。

とある集落から山に向かって数分も走ると、ほどなくして詣所に到着した。麗さんの話から山深い場所を想像していたが、どちらかというと集落の端っこという感じだろうか。参道の入り口に車を停め、詣所に続く道を歩いていくと、小さな祠が並ぶ詣所が姿を現した。肩を並べるように大小の祠が鎮座するその光景は、確かに「神様の集会場」といった雰囲気を漂わせている。祠の多くは青々と苔むしているものの、打ち捨てられたような感じはない。隅々まで手入れが行き届いた空間は清浄な空気で満たされていて、どことなく女性的な優しさも感じられる。

ここは人間の世界と山の世界の境界線であり、女人禁制の時代は山に入る男たちと彼らを見送る者たちが別れる場所でもあった。険しい山の世界を生き抜き、人の住む里へ下りてきた男たちは、愛する人々が詣所で待つ光景を見てホッと胸を撫で下ろしたことだろう。祠の向こう側へと目をやると、そこには人知の及ばない山の世界が広がっている。そう考えると、詣所は「これ以上は入ってはいけない」と人々に警告する場所でもあったのかもしれない。

僕と国本さんは山に向かって手を合わせ、静かにその時を過ごした。山から吹き降ろす冷たい風がとても気持ちいい。

この日、僕らには心配事があった。僕が島に来てからというもの連日天候が悪く、前日もフェリーは欠航。屋久島・種子島と鹿児島港を結ぶ高速船トッピーも朝一番の便は欠航したという。仮にフェリーもトッピーも欠航するとなると、フェリーの数倍の金額を払って飛行機のチケットを押さえるか（ただし、飛行機も濃霧によりたびたび欠航する）、延泊しなくてはいけなくなるのだ。冬の屋久島は荒天による欠航が多いそうだが、そのことを知らなかった僕は東京に帰ってからの予定をみっちり入れていた。すべてキャンセルするとなると、なかなかの大事になるだろう。

ひとまず宮之浦のフェリー乗り場に向かうと、どうやら欠航することはなさそうだ。ただし、大幅な遅延が予定されているそうで、たとえ鹿児島港に無事着いたとしても、鹿児島空港発東京行きのフライトに間に合わない可能性もある。内地と同じ感覚でギチギチにスケジュールを組んでしまった数か月前の自分を呪いたくなったが、いまさらそんなことを言っても仕方がない。

高速船は宮之浦および安房というふたつの港から出港するが、どうやら安房からの便は確実に出港できるようだ。僕らは慌てて宮之浦から安房の港へと移動し、無事チケットを購入することができた。これで無事に東京へ戻ることができる。

安堵して周りを見渡すと、待合所は島民や観光客でかなりの賑わい。それまで見えなかった島民の顔が見えるようで楽しい。僕も国本さんにここ数日の礼を伝え、トッピーに乗り込んだ。

心配をよそに、船は予定時刻どおりに出航した。船内のテレビモニターではワイドショウが流れていて、延々コロナ関連のニュースが映し出されている。中国やダイヤモンド・プリンセス号の惨状、専門家の意見、感染症対策。屋久島から鹿児島に向かう船のなかではすべてのニュースがあまりにも現実味がなく、まるでパニック映画でも見せられているような気分だった。

大海原を突き進むトッピーは当初かなり揺れたものの、薩摩半島の南端に位置する開聞岳《かいもんだけ》が見えるころにはようやく安定した。フェリーから屋久島を眺めたときにはその険しいシルエットに恐ろしささえ感じたが、「薩摩富士」とも呼ばれる開聞岳の穏やかな佇まいには、屋久島のような厳しさはない。屋久島やトカラ列島、さらに南の奄美群島や琉球から薩摩半島へやってきた船乗りたちは、なだらかな開聞岳のシルエットを見て僕と同じ感覚を覚えたに違いない。

トッピーは予定通り鹿児島港に到着。シャトルバスで空港に向かい、飛行機に乗り込むと、余韻を噛みしめる間もなく東京・羽田空港へ到着した。こうして最初の屋久島滞在は終わった。

屋久島から東京に戻った僕は、あべさんと麗さんに教えてもらった『屋久島のわらべ唄・民謡まぼろしのまつばんだ』という音源集を手に入れた。これは鹿児島工業高校の音楽教諭だった野呂正和さんが2008年に制作したもので、あべさんと麗さんによると〝まつばんだ〟の古い録音が収められているという話だった。

2008年当時の新聞記事によると、野呂さんは屋久島高校に勤務していた80年代前半、上屋久町史編纂のための民謡調査に参加。その後も独自に住民を訪ね歩き、古い歌をカセットテープに録音していたのだという。『屋久島のわらべ唄・民謡 まぼろしのまつばんだ』の1枚目のCDには、野呂さんのもとに託されたさまざまな音源を中心に、野呂さん自身が録音したものも収められている。

そこには屋久島および口永良部島に伝わる子守唄やわらべ唄、祝い祭文、棒踊りや傘踊りといった伝統芸能で歌われるもの、木挽き唄などなどの作業唄のほか、夜這い節なんてものまである。すべての音源はおそらく家屋の一角で録音されたもので、車のエンジン音や周囲の話し声、虫の鳴き声なども入っている。当時の生活の一部を切り出したような感じともいえるだろうか。

問題は2枚目。こちらには6曲の〝まつばんだ〟が入っているのだ。いずれも昭和31年（1956年）から昭和55年（1980年）にかけてさまざまな形で録音されたもので、僕にとってはえぐさゆうこさんの録音以外では初めての〝まつばんだ〟体験である。

一番古いのは、昭和31年に安房の泊伝市《とまりでんいち》さんが吹き込んだ音源だ。これは伝市さんが上京した際、東京に住む伝市さんの友人が手配して録音したもの。どうやら伝市さんが〝まつばんだ〟の数少ない伝承者ということもあり、東京在住の友人がレコード会社と掛け合って実現した録音だったようだ。昭和31年の段階で〝まつばんだ〟は屋久島でも歌える人の少ない「幻の民謡」になっていたわけだ。

次に古いのが、南日本放送の資料室に保管されていた安房の酒匂《さこう》シゲさんの歌で、昭和40年（1965年）の録音。こちらでは泊サトさんとの復唱となっている。

その次が昭和42年（1967年）に録音された2曲。同年に鹿児島短期大学付属南日本文化研究所の主宰する屋久島総合学術調査の一環として録音されたもので、安房の酒匂シゲさんと尾之間の日高ミヨさんの独唱が収められている。なんとそのときシゲさんは100歳、ミヨさんは89歳。

そして、もう一曲が昭和55年に当時・沖縄国際大学南島文化研究所の特別研究員だった杉本信夫さんが録音した若松シマさんの吹き込みだ。杉本さんはこの年の民謡調査の際、屋久島の全集落をくまなく回り、古老から聞き込みを行ったものの、〝まつばんだ〟については伝承者が見つからなかったらしい。だが、一部の古老から「あれは沖縄風の歌だった」という話を聞き、執念で探し当てたのが若松シマさんだった。
杉本さんの論考「屋久島の『まつばんだ』考 琉球音階の北上か」には、杉本さんが各音源から書き起こしたした〝まつばんだ〟の歌詞が書かれている（息継ぎの途中と終わりに「チョイサヨ」「バイサヨ」などの囃し言葉が入るが、こちらは割愛されている）。

〝まつばんだ〟
サー　屋久のお岳を　おろかにゃ思うなよ　金のな　チョイサヨ
蔵よりゃ　なお宝な　アーチョイサヨ　バイサヨ
屋久のお岳の　シャクナゲ花よな　年中な　蕾《つぼん》で　一度咲すな
屋久の八重岳　約束したがな　親がな　許そか　そこは知れぬな
うれしゅめでたの　若松さまよな　枝もな　栄える　葉も繁るな
田舎なれども　安房の港よ　出船な　入り船　帆かけ船な
お舟魂さまよな　しげくな　旅をば　さし給えな
船も早《はよ》かろ　嵐もよかろな　旅のな　積荷も　なおよかろな
花の盛りは　三月四月よ　五月な　長雨《ながし》で　すたれ花《ばな》よ
永田田もよい　水まじゃよいがよ　水のな　沙汰かよ　嫁女《よめじょ》まで
此《こい》の座敷は　祝いの座敷よ　黄金な　花咲す　金《きん》がなるな

あなた百まで　わしゃ九十九までよ　ともにな　白髪の生えるまでな

『屋久島のわらべ唄・民謡　まぼろしのまつばんだ』に収められた〃まつばんだ〃のなかでもひときわ僕の心を惹きつけたのが、酒匂シゲさんと泊サトさんによる昭和40年の復唱ヴァージョンだった。7分24秒という長い録音だが、そのなかには咳き込んだところやちょっとした会話、クスッと笑ってしまった瞬間も収められている。数十年前の屋久島の湿った空気とともに、シゲさんとサトさんの体温みたいなものまで伝わってくる、そんな録音だ。シゲさんは当時98歳という高齢にもかかわらず、無理なく高音も出ていて驚かされる。

そして、そのメロディーは確かに沖縄調なのである。すべてが沖縄調というわけではない。冒頭こそ内地の民謡みたいな雰囲気もあるが、メロディーの最後にふっと沖縄の気配が漂うのだ。内地と沖縄の風景が一音ごとに切り替わっていくような、なんとも不思議なメロディーだ。この歌の背後には、はるか遠い台湾の地にまで達する南西諸島の広大な世界が広がっている。そんな感覚がじわりと湧き上がってくるような、魅惑的かつある種の恐れを感じるような歌声だった。

この音源集で初めて知ったのは、〃まつばんだ〃が屋久島だけでなく、周辺の島々でも歌われていたということだった。ここにはトカラ列島の悪石島と宝島で昭和40年に録音されたものも収められていて、どちらも屋久島のものと同じ琉球音階で歌われている。気になって調べてみたところ、日本民謡の一大アーカイヴ『日本民謡大観 九州篇（南部）・北海道篇』にも3曲の〃松番田〃が収められており、屋久島の日高嘉一さんによる昭和26年（1951年）の録音のほか、トカラ列島の臥蛇島《がじゃじま》と中之島の有志による同年の録音も残されていた。

〃まつばんだ〃のタイムカプセルを開けたとき、そこに突然現れたのは、琉球弧に広がる広大な歌の世界だった。そして、それぞれの歌には島固有の風土と精神性が刻み込まれていた。

では、屋久島の〃まつばんだ〃に刻み込まれているものとはいったい何なのだろうか？

第2章

歌に残るマージナルマンたちの痕跡

〝まつばんだ〟のルーツは与那国島にあった？

東京に帰ってきても、旅の余韻はしばらく抜けることがなかった。じっとりとした屋久島の湿気を常に身にまとっている状態とでもいおうか。都会の真ん中を歩いていても、自分だけはまだ屋久島の森に取り残されているような感じがした。頭の中では麗さんから聞いた話が、まるでやまびこのように鳴り響いていた。

どこかもぞもぞするような感覚が残っていた。その原因を明らかにするためにも、もう一度屋久島に行かなくてはいけない。〝まつばんだ〟の背景に広がっているものが何なのか、せめて尻っぽの先端ぐらいは掴みたい。そうした思いに駆られ、すぐさま次の屋久島取材の予定を国本さんと相談した。

だが、タイミングが悪かった。僕が島から帰ってきてそう間を置くことなく、新型コロナウイルスの感染が急速に拡大。2020年4月7日には東京など全国7都道府県に緊急事態宣言が出され、同月16日には全国がその対象となった。5月25日にはいったん東京での緊急事態宣言が解除されたものの、僕が初めて屋久島を訪れた2月の段階とは、世界全体の空気が一変してしまった。

そんな状況下では、屋久島に行くことはままならなかった。屋久島どころか、自宅のある東京西部さえ一歩も出ることなく、ただひたすら自宅に籠る生活が続いた。屋久島がひどく遠くに感じた。

本心をいえば今すぐにでも屋久島に飛んでいきたいところだが、ひとまず〝まつばんだ〟に関する資料を探ろう。初回はいきあたりばったりの滞在だったけれど、次回はしっかり情報を収集し、準備を整えたうえで屋久島にいこう。国本さんともその方向で話がまとまった。

〝まつばんだ〟に関する資料は思っていた以上に少なく、資料集めには苦戦した。保存会のような継承団体があるわけではないし、島をあげて保存に力を入れてきたわけでもないのだから当然だ。そうしたなかでもいくつかの重要な情報を手に入れることができた。

昭和37年（1962年）に出版された『民謡紀行全集　第3巻　南海の潮鳴り』には、作詞家・音楽評論家の服部龍太郎が島を訪れた際のエピソードが記されている。〝まつばんだ〟を現地で聴くために屋久島へと渡った服部は、このとき5人の老人が歌う〝まつばんだ〟を聴く幸運に恵まれている。5人中3人は90歳を超える高齢。そのひとりは「クンジューになったから、うたでかじゃいよ、わからん（90歳になったから、歌になっているかどうかわからん）」と言いながら、立派な歌を披露したという。

また、鹿児島短期大学付属南日本文化研究所が昭和42年（1967年）に行った屋久島総合学術調査では島の民謡が調査され、研究所の原田宏司が「南日本文化」創刊号にそのときのことを報告している。その調査では宮之浦や安房、永田など複数の集落に研究チームが入り、〝まつばんだ〟の録音も行っている。その際に吹き込まれたのが、1章でも触れた安房の酒匂シゲさんと尾之間の日高ミヨさんの〝まつばんだ〟だ。

だが、この調査報告書では、九州から渡ってきた〝ハイヤ節〟については細かく調査しているものの、〝まつばんだ〟に関しては「島固有のもっとも古い民謡とされる」というわずかな記述があるのみ。限られた調査期間では〝ハイヤ節〟を調べるだけでタイムアップとなってしまったのかもしれないが、ここで細かい取材調査が進められていたら……と思うと、何とも残念な話ではある。

〝まつばんだ〟についてもっとも深く調査を行ったのが、ここまで何度か名前が出てきた沖縄伝承音楽の研究者、杉本信夫さんだ（本書では参考文献の著者名に敬称をつけていないが、杉本さんとのちほど登場する民俗学者の下野敏見さんだけは敬意を込めて「杉本さん」「下野さん」と書かせていただく）。

杉本さんは昭和55年（１９８０年）7月までの一定期間、屋久島の北半分を占めていた上屋久町の町誌編纂のため、各集落をくまなく回っている。その際、一湊や吉田といった集落に住む古老から「あれは沖縄風のものだった」という〝まつばんだ〟に関する証言を引き出している。

杉本さんは同じ年の8月、今度はテープレコーダーを手に屋久島の各集落を回っており、その際、当時94歳だった若松シマさんの録音に成功している。そのエピソードがなかなか感動的なので、少し引用してみたい。

ところがこうして13年前のテープ（註　１９６7年の屋久島総合学術調査の際に録音された音源）

を持って各部落を歩いているうちに、屋久島の南西のはずれの栗生の92歳のお婆さんが、耳にテープレコーダーをくっつけるようにして聴きながら、「昔、ここにも同じのがあったよ、踊りもついていたよ」と語ってくれ、そして安房に一人だけまだうたえる人が生きているはずだと教えてくれたのである。

わたしはよろこび勇んで、翌朝、そのお婆さんだという若松シマ宅を訪れた。シマさんは一人で朝御飯を食べようとしておられるところであったが、突然うたをたずねて訪れたわたしを迎えて、大喜びですぐその場で元気よく「まつばんだ」をうたってくださったのである。なんとシマさんのお年は94歳だという。シマさんのうたも酒匂シゲさんと同じく、まさしく琉球音階である。わたしは生きた「まつばんだ」にはじめて肌で接し、感動と興奮で胸がいっぱいになってしまった。(杉本信夫「屋久島の『まつばんだ』考　琉球音階の北上か」)

杉本さんの興奮が伝わってくるような生き生きとした描写だ。若松シマさんに出会うまでに杉本さんはあらゆる情報を丹念に集め、何人もの歌い手とタッチの差で会うことが叶わず、安房でようやく生の〝まつばんだ〟に出会うことができた。熱を帯びたその筆致は、研究者のものというよりも、歌を求めて屋久島の地を彷徨う冒険家を思わせる。

また、杉本さんはこのとき、若松シマさんから極めて重要な証言も引き出している。

若松シマさんによれば、昔「山ん供養」「嫁祝い」「子ども祝い」などの祝い事のはじめに「まつばんだ」がうたわれ、そのあとテンポのややはやい別のふしで、数人の婦人が五銭、十銭などを入れた箱を、カサッカサッとゆさぶって音をたてながら踊った。この「まつばんだ」のちらしになるようなうたは、都ぶし音階である。（杉本信夫「屋久島の『まつばんだ』考　琉球音階の北上か」）

この証言は、祝い歌としての〝まつばんだ〟の姿を伝えるものでもある。

暮らしのなかでさまざまな歌が歌われていた時代、私たちの祖先は何らかの祝い事があると決まって祝い歌を歌った。結婚式のときには歌によって若い夫婦の門出を祝い、子供の成長の節目になるとそのことを歌で祝った。〝まつばんだ〟もまた、さまざまな祝い事の場で歌われる祝い歌でもあったのだ。

〝まつばんだ〟のなかには「うれしゅめでたの若松さまよな　枝もな　栄える　葉も繁るな」という一節があるが、これは祝い歌の典型的一節だ。近いフレーズは博多祇園山笠で歌われる〝祝いめでた〟にも出てくるし、山形県民謡の〝花笠音頭〟にも出てくる。また、日本の民謡における大スタンダードである〝伊勢音頭〟にもこのフレーズは登場する。この音頭は伊勢参りの流行と共に全国各地へ伝わったが、屋久島にも伝わり、〝まつばんだ〟にも取り込まれたものと思われる。

杉本さんは〝まつばんだ〟の音楽的特徴を次のように整理している。

旋律は完全な琉球音階である。うたいはじめの低い音から、1オクターヴと完全5度上へ向けて、広い音域にわたって朗々と自分のおもいをうたい上げなくてはならないので、相当の音域と声量をもった人でないとうたえない曲である。またこの旋律の山が一曲に二回でてくるのである。リズムは、このうたが共同作業うた系でなく情歌の系統なので、元来は拍節的でなくてもよいものである。しかし酒匂シゲさんのうたは、譜にみるようにリズム的にも明解である。他は人によって、フレーズの切れ目や装飾的こぶしのところなどで、自由拍的にのばされることがある。（中略）音楽的にはこの「まつばんだ」は、明らかに沖縄・南島系であるが、歌詞や詩の韻律は鹿児島方言を含む大和系である。この二つの相容れない要素が複合したためずらしい例が「まつばんだ」である。（杉本信夫「屋久島の『まつばんだ』考　琉球音階の北上か」）

「共同作業うた系でなく情歌の系統」という言葉を少し解説すると、〝まつばんだ〟は農業や漁業などの労働の際、複数の力をひとつに集約するために歌われた作業歌ではなく、個人が別離の悲しみなどを自由かつ即興的に歌う情歌の系譜にあるのではないか、杉本さんはそう推測しているわけだ。

ここで杉本さんが源流を求めるのが、なんと与那国島を代表する伝承歌であり、与那国に赴任していた役人と現地妻の別れを歌った〝スンカニー〟なのだ。

このような琉球音階による音律、旋律性、リズムの特性を骨格にして、「祝い歌」としての一定の歌詞をうたったあとは、自由に即興的に自分の「おもい」をうたいあげるところなど「まつばんだ」の音楽的性格はまさに沖縄のスンカニー、ナークニーと相通じる「情歌」であり、それが北上したものとわたしには考えざるをえないのである。（杉本信夫「屋久島の『まつばんだ』考　琉球音階の北上か」）

〝ナークニー〟は沖縄各地で歌われる叙情歌のひとつであり、〝スンカニー〟は与那国島を代表する歌である（〝どぅなんスンカニ〟とも）。この杉本説を知った際、僕はとても驚いた。なにせ与那国島は先島諸島の先っちょ、台湾まであと少しの地点に浮かぶ最果ての島なのだ。台湾から九州に至る大海原に浮かぶ南西諸島の島々を、一気に串刺しにしてしまうような壮大な説である。仮に杉本説が正しかったとすれば、与那国島と屋久島を繋ぐラインとはいったい何なのだろうか。

あまり深入りすると古謡の迷路で迷子になりそうなのでサラッと触れておくだけに留めるが、〝スンカニー〟の源流を江戸時代に内地で流行した〝しょんがえ節〟に求める説がある。また、奄美大島の〝シュンカネ節〟や多良間島の〝多良間ションカネー〟など、〝スンカニー〟との類似性を感じさせる歌は南西諸島に数多く伝わっている。与那国島の〝スンカニー〟も本土の文化が混ざり合ったハイブリッドな歌であり、〝まつばんだ〟に〝スンカニー〟と共通するものがあるからといって、与那国島から屋久島へダイレクトに歌が持ち込まれたとはちょっと考えにくい。

だが、沖縄の伝承歌の専門家である杉本さんが「スンカニー、ナークニーと相通じる情歌が北上したものと考えざるをえない」という強い口調で説いている以上、杉本説を軽視することはできない。何よりも〝まつばんだ〟のルーツは与那国島にあった！という説にはロマンがあるではないか。

〝まつばんだ〟誕生に関するふたつの説

もうひとつ、僕は杉本さんの論考から重要なヒントを得た。それは〝まつばんだ〟の誕生にはいくつかの仮説があるということだった。

ひとつ目の説。屋久島に薩摩藩の番所が置かれていたころ、行政の中心である宮之浦には「松葉の座」という接待用の大広間があり、薩摩藩の役人が島にやってくると、その一室で歌が歌われた。そこで歌われていたものが、(「松葉の座」が転じて)〝まつばんだ〟になったという説だ。これは『日本民謡大観』に掲載された岩川貞次さんという宮之浦の古老による証言が元になっていて、杉本さんは岩川さんに直接会って同じ話を聞き出している。岩川さんによると、屋久島の方言では「ザ」が「ダ」と発音されるため、「松葉の座」が「まつばんだ」になったという。

ふたつ目の説。鹿児島県指宿市《いぶすきし》の山川港にも近い開聞山麓の漁村で歌われていたものが源流にあり、それが船乗りによって南方の島々に伝わったのではないかという説だ。こちらは南西諸島および九州に関する多くの著作がある民俗学者、下野敏見さんがトカラ列島の悪石島で古老から聞いた証言が元になっている。

仮に〝まつばんだ〟が屋久島だけで歌われていたのであれば「松葉の座」説にも一理あるが、杉本さんの調査をもとにすると、トカラ列島の中之島、臥蛇島、悪石島のほか、黒島や竹島（ともに鹿児島県三島村）でも〝まつばんだ〟は歌われていた。かつては他のトカラ列島の島々でも歌われていたのかもしれないし、そう考えると、山川港に出入りしていた船乗りたちによって南方の島々へ〝まつばんだ〟が伝えられていったというふたつ目の説に信憑性を感じてしまう。

調べていてもうひとつ驚いたことがある。山川港周辺には琉球人が伝えたとされる「琉球人踊り」が数多く継承されているというのだ。入野物袋《いりのもって》琉球人踊り（指宿市開聞十町入野・物袋）、大山琉球人傘踊り（指宿市山川大山）、利永《としなが》琉球傘踊り（指宿市山川利永）など、かつての琉球との交流を偲ばせるものばかりだ。鹿児島にはそのほかにも霧島市やいちき串木野市にも琉球人踊りが伝えられているが、数でいえばやはり指宿市が圧倒的だ。

薩摩藩にとって重要な海の玄関口であった山川港は、各地の人々が行き交う国際色豊かな場所だった。中国や東南アジア、ヨーロッパの貿易商が行き来し、異国人たちは唐人町と呼ばれる一角に住居を構えた。また、山川港が薩摩藩の琉球貿易の窓口ともなっていたことから、この地では琉球人がコミュニティーを形成していたともいわれている。琉球色が色濃く残る山川の地で育まれ、やがて屋久島にも持ち込まれた歌の旋律が、たとえ琉球音階だったとしても何の不思議はない。

では、屋久島には〝まつばんだ〟以外に琉球由来の文化は残っていないのだろうか？　調べてみると、思いのほか多くの名残りが見つかったのである。

もっとも色濃く沖縄の色を残しているのが、屋久島南部の湯泊集落に伝わる「湯泊の笠踊り」だ。毎年11月に行われる湯泊神社の大祭で奉納されているもので、杉本さんによると「ほとんど完全な型の沖縄の『上《ぬぶ》い口説《くどぅち》』である」という。

〝上い口説〟は琉球王朝の役人が薩摩に上る道中の風景を歌い込んだもので、作詞作曲したのは薩摩藩に遊学して謡曲や仕舞を習得した琉球の作曲家、屋嘉比朝寄《やかびちょうき》（1716〜1775年）と言われている。

湯泊の笠踊りで歌われる歌は歌詞こそ〝上い口説〟とは異なるものの、旋律はほとんど一緒。言葉も沖縄方言の訛ったものらしく、杉本さんは「これは明らかに沖縄方面から直接この地に伝えられたものといえよう」と断言している。

では、どういった経路を辿って湯泊に〝上い口説〟が伝えられたのだろうか。社会学者の石原昌家は「琉球王府時代に屋久島に漂着した琉球人の一行が、世話になったお礼に琉球の歌と踊を土地の人達に残していった。それがいまも笠踊りとして連綿と継承されている」（石原昌家「屋久島における糸満系漁民の生活史」）と記している。なかなかおもしろいエピソードだ。

屋久島東部の楠川集落には長い伝統を持つ楠川盆踊りが継承されており、その盆踊りで踊られる扇子踊りのなかに〝おてんだー〟という歌がある。下野さんはこの歌もまた沖縄由来ではないかとしている。通常、九州から渡ってきた本土型の歌は7775詞型になっていることが多いが、この〝おてんだー〟は1音ずつ多い8886。そして、この詞型は沖縄由来の琉歌に見られるものだという。下野さんはこう論じる。

琉歌がどうして楠川に入ったのか、興味深いことである。薩摩~沖縄通いの帆船が寄港した折にでも習ったのか、あるいは、楠川の先祖が鹿児島あたりで習いおぼえてきたのか、謎を秘めた踊り歌である。(下野敏見『屋久島、もっと知りたい 人と暮らし編』)

もう1曲、謎を秘めた歌がある。それが〝かれよし〟という琉歌だ。この歌は江戸時代後期に薩摩藩が編纂した文書『三国名勝図会《さんごくめいしょうずえ》』にも記述のある祝い歌で、『屋久町誌』には〝嘉例吉〟という表記も見られる。〝かれよし〟とは沖縄方言で縁起がいいこと、めでたいことを表す「かりゆし」が語源なのだろう。現在ではこの歌は完全に忘れられていて、どんな旋律だったのかわからないが、〝まつばんだ〟と同じ琉球音階だった可能性はある。下野さんによると〝かれよし〟は天保年間(1830~1845年)には歌われていたらしい。

ひょっとしたら当時の屋久島には琉球から持ち込まれた文化が今以上に色濃く残っていたのかも

しれない。多くの風習は失われてしまったが、そのなかでかろうじて近年まで残ったのが湯泊の笠踊りや〝おてんだー〟であり、〝まつばんだ〟だったのだろう。

政治的境界を越えるマージナルマン（境界人）

気になるのはどのような人たちが屋久島に琉球の文化を持ち込んだのかという点だ。〝まつばんだ〟を伝えたのはどんな人々だったのだろうか？

南西諸島の海域では古くからさまざまな海の民が行き来していたが、その歴史は古代まで遡ることができる。南西諸島を航海するうえで屋久島は古代から重要なポジションにあったらしい。

隋の正史とされる歴史書『隋書《ずいしょ》』には、そのことを今に伝える逸話が綴られている。異国の風俗を調べるために流求（琉球）へ渡った隋の官吏が現地人の布類や甲冑を持ち帰ったところ、それを見た倭国の使者（小野妹子とされる）は「それは夷邪久《いやく》の人が使ったものだ」と証言したという。夷邪久は屋久島を示すと思われるが、南西諸島の広い範囲を指す言葉という説もある。隋の官吏が布類を持ち帰ったのが推古天皇16年（608年）とされているので、もしも仮に夷邪久＝屋久島だとすれば、この時代から琉球～屋久島間の行き来があったということになる。

また、『日本書紀』には「掖玖人《やくのひと》三口帰化」という記述が見られる。すなわち「3人の掖玖人が朝廷に帰化した」という意味であり、『日本書紀』には掖玖人に関するいくつかの記述があるのだ。

そのなかには舒明天皇元年（629年）、田部連《たべのむらじ》という者を掖玖に遣わしたという一文もある。

では、なぜ屋久島は古代から航海上の重要ポイントとされていたのだろうか。

ひとつは、標高の高い山々が連なる地形が航海の目印に適していたということ。そのことは鹿児島からフェリーで屋久島へと渡る際、誰もが実感することだろう。とにかく、屋久島は巨大だ。南西諸島の島々は比較的平坦な島が多いため、その大きさは際立っている。

かつて島の周辺を漁場とする漁師たちは、屋久島の山々を目印として自分たちの居場所を把握した。そのことを「山当て」と呼ぶ。すぐ近くの種子島は目立った山のない平坦な地形ということもあって、海岸沿いに生える木々を山当てに使ったというが、木が伐採されてしまえば目印は失われる。だが、屋久島は何千年、いや何万年もの間、「洋上のアルプス」であり続けてきた。これほどまでに揺るぎない「目印」はなかなかない。

もうひとつの理由が、屋久島の南方が黒潮の分岐点にあたっているということだ。黒潮は台湾の東沖から南西諸島に沿って北上し、トカラ海峡に達すると流れを東に変え、九州から四国の南岸に流れ込んでいく。

屋久島の南側は赤道付近で温められた海水が入り込むポイントでもあって、そうした黒潮の影響を受けて屋久島には亜熱帯の自然が広がっている。その一方で、島全体としては2000メートル近い標高差があるため、亜熱帯植物から高山植物までがひとつの島のなかに共存している。屋久島を南限および北限とする動植物は多いようで、ガジュマルやガジュツ（紫ウコン）は屋久島が北限なのだという。
つまり、屋久島およびトカラ列島は自然環境的にも政治的にも、ヤマトと琉球世界の境界線上に位置しているわけだ。

琉球史・東アジア国際交流史を専門とする真栄平房昭《まえひらふさあき》は、「境界を越えた海民・海産物の交流史」という論考において、薩摩と琉球を往還する海民たちの存在を明らかにしている。そのなかでとても興味深い記述を見つけた。
真栄平によると、天明元年（１７８１年）から天明３年（１７８３年）にかけて薩摩藩の招きで領内各地で調査を行った博物学者の佐藤成裕は、薩摩の琉球館に滞在する琉球人と面談している。佐藤はそのとき琉球人から「屋久島は薩州の属島にして、日本の部也。言語は日本にして、衣服は琉球也」という言葉を引き出している。真栄平はこの言葉をこう分析している。

つまり日本の言葉を話し、琉球風の衣装で身をつつむ人びとが屋久島にいたわけである。政治的境界を越えて、両方の文化要素をあわせもつマージナルマン（境界人）の存在である。これは、ちょうど屋久島が薩南文化の境界に位置し、日本・琉球それぞれの文化が混ざり合っていた結果とみられる。（真栄平房昭「境界を越えた海民・海産物の交流史」）

日本の言葉を話し、琉球風の衣装で身をつつむ人びと。これはまさに、〝まつばんだ〟そのものではないか。杉本さんも自身の論考のなかで「音楽的にはこの『まつばんだ』は、明らかに沖縄・南島系であるが、歌詞や詩の韻律は鹿児島方言を含む大和系である。この二つの相容れない要素が複合しためずらしい例が『まつばんだ』である」と書いている。

ふたりの研究者の言葉がまるで磁石のようにぴったりと張りつき、〝まつばんだ〟の背景がより鮮明に浮かび上がってきた。

では、真栄平の言うマージナルマンとはどんな人たちなのだろうか？　真栄平は同じ論考のなかでこう書いている。

屋久島で日本と琉球の2つの文化要素が混ざり合った背景には、境界を超えた「海民」の活動があった。近世には薩摩や屋久島などからカツオの群を追って南下した「鰹船」が、奄美から琉球の近海にまで広く出漁したのである。（真栄平房昭「境界を越えた海民・海産物の交流史」）

屋久島のカツオ漁がいつから始まったのか、はっきりとしたことはわからない。だが、享保年間（1716〜1736年）には南部の栗生集落がカツオの漁労基地として大いに栄えていたというから、それ以前からカツオ漁が始まったのは確かだろう。『屋久町郷土誌』に「薩摩藩の漁業としてのカツオ漁とかつお節製造に先鞭をつけたのは、屋久島の人々であったと言えるのではなかろうか」と書かれているように、屋久島は串木野や甑島、トカラ列島の島々と並んで薩摩藩におけるカツオ漁業の中心地でもあった。

屋久島のカツオ漁が盛んに行われていたのは幕末から大正時代初期まで。明治後半になると近海での漁獲量が減少するが、動力船が導入されると、島の男たちは遥か遠い八重山諸島まで出漁していったという。

また、真栄平は藩の委託を受けて年貢米や砂糖の海上輸送を行う薩摩船についても言及している。こうした船は鹿児島へ運ぶ琉球米の一部を奄美や屋久島で荷下ろしすることもあったらしい。

およそ2か月の長い船旅の途中、薩摩船は風待ちや交易でトカラや奄美に寄港し、琉球の文化にも触れ合った。先述のように屋久島で日本のことばを話し、琉球風の衣装をまとった人びとは、こうした薩摩と琉球を往還した海民たちであろう。(真栄平房昭「境界を越えた海民・海産物の交流史」)

カツオ船や薩摩船以外にも、黒潮の流れの上にはさまざまな船が行き来していた。

僕が気になったのが、薩摩から奄美や琉球へと砂糖を積みにいく「ばい船」である。喜界島出身の民俗学・説話研究者、岩倉市郎が昭和初期に書いた『薩州山川ばい船聞書』には、明治初期、ばい船に乗っていたという山川の古老たちの話がまとめられている。古老たちの乗ったばい船は山川港を出たあと、喜界島や徳之島、沖永良部島まで黒砂糖を積みに出かけた。山川港から奄美群島まではだいぶ遠い感じがするが、『薩州山川ばい船聞書』によると、山川から奄美大島までは風がよければ一昼夜で行けたという。動力船導入以前の船であってもそれほど遠方ではなかったわけだ。

もうひとつ、この本には興味深いことが書かれている。「船の人はみな島におかた（妻）を持っていた」「よく船へ遊びに来る女があった。船の人と一緒に飲んだり食ったりしていた」など、船乗りと島民たちの交流が記されているのだ。なかには「問屋が船乗りを呼んでご馳走した」という発言も見られる。

この証言を読んで、僕は熊本の牛深《うしぶか》という港町で取材をしたときのことを思い出した。かつての牛深は、各地の船乗りたちが「南風＝ハエ」が吹くのを待つ風待ちの港でもあった。ここには蔵之元や水俣など鹿児島の船乗りに加え、沖縄や奄美など南西諸島の船乗りもやってきた。彼らは風待ちの時間をツブすために宴会を繰り広げたというが、明治20年（１８８４年）ごろまでの牛深には、船乗りたちの身の回りの世話をする「新銀取り」という女性たちもいたらしい。彼らが酒の席で歌い踊っていたのが、賑やかな酒盛り歌〝牛深ハイヤ節〟である。

喜界島や徳之島、沖永良部島でもそのように島の女たちと山川港を出た船乗りたちが出会い、酒の席で歌い踊っていたのかもしれない。もしもそこで歌われていたのが〝まつばんだ〟の原型となった琉球音階の歌だとしたら？　『薩州山川ばい船聞書』に綴られた生々しいエピソードを読んでいると、そんな妄想が広がってくる。

下野さんによると、屋久島のお隣の島である種子島は屋久島以上に琉球との繋がりが強く、かつては一人前の男になるために琉球までひとり船旅をする「琉球旅」なんていう通過儀礼もあったらしい。沖縄へと渡る種子島の島民も多く、人的交流の機会も多かったようだ。下野さんはこう書いている。

アヲギタ（註：南九州で初秋のころに吹く北風）で沖縄へ渡り、翌年のアラバエ（註：南風）で帰島するまでの間、種子島海人たちは現地の生活にとけこみ、芸能などを習ってくる者もあった。種子島に、稲擦り節や作田節、国頭《くんじゃん》サバクイなどの琉球芸能が多いのもこうした理由による。なかには、種子島の父を訪ねてやってきた沖縄娘がいて家族を驚かせたなどという小話にもことかかない。（下野敏見『トビウオ招き　種子島・屋久島・奄美諸島トカラ列島の民俗』）

こうした男女の秘事は当然のことながら古文書に残ることもないし、名家の家系図に書かれることもないけれど、決して珍しいことではなかったようだ。真栄平によると、薩摩の役人が琉球に家と妻子を持つケースもあったという。

そのように南西諸島の海域では名もなきマージナルマンたちが縦横無尽に島と島を行き来していた。薩摩藩の役人や海商たちを除き、江戸時代には一般の日本人が琉球に渡航することは禁じられていたが、マージナルマンたちはお上の目をかいくぐって黒潮の上を往来していたのである。

最後にもうひとつ。八重山諸島の竹富島には、屋久島からやってきたというマージナルマンの伝承が伝えられている。

明王9年（1500年）に起こったオヤケアカハチの乱を経て八重山諸島が琉球王国の支配下に入る以前、ムーヤマ（六山）の時代の話である。海を越えてやってきた6人の王（酋長）が竹富島にそれぞれの村を作った。王たちは沖縄島や久米島、徳之島からやってきたとされているが、そのうちのひとり、玻座間村《はざまむら》を作った根原金殿（ネーレカンドゥ）は屋久島からやってきたとされており、現在も「粟の神」として玻座間御嶽に祀られている。玻座間御嶽は根原金殿の子孫である根原家が守っており、神に願いごとを捧げる願い口《にがふち》のなかには「屋久島」という地名も出てくる。伝承では根原金殿は与那国島を領地にしようと考えていたほか、与那国には愛人がいたとも伝えられている。

杉本さんが〝まつばんだ〟の源流と考えている〝スンカニー〟は、与那国に赴任していた役人と現地妻の別れを歌ったものだったが、根原金殿と妾の物語に通じるような気さえしてくる。しかもその根原金殿は屋久島から海を越えてやってきたマージナルマンだったわけで、奇妙な繋がりを感じざるを得ない。

現実と伝承が頭のなかでぐちゃぐちゃになってきて、調べれば調べるほど頭の中は混乱するばかりだった。

与那国島の與那覇有羽に聞く

そのように資料の海に溺れつつあるなか、突如チャンスが訪れた。『イントキシケイト』という雑誌で与那国島の唄者・民具作家である與那覇有羽《よなはゆう》さんに取材することになったのだ。２０２０年9月のことである。

有羽さんは昭和61年（１９８６年）生まれの（伝承歌の歌い手としては）若い世代にあたるが、与那国島の古謡を研究し、当然のことながら〝スンカニー〟もレパートリーのひとつとしている。〝まつばんだ〟のことは知らないまでも、ひょっとしたら何かヒントを知っているかもしれない。

本題の取材が後半に差し掛かったころ、僕は周囲の空気を読みながら、有羽さんにこんなお願いをしてみた。

「実はちょっと聴いていただきたい歌があるんですよ。50年以上前の録音なんですが……」

同席する編集者はポカンとした顔をしているけれど、そんなことを気にかけてはいられない。与那国島の伝統を知る唄者に〝まつばんだ〟のことを聞く機会など、そうそうないのだから。僕は自分のｉＰｈｏｎｅに入ったデータを再生した。琉球音階であることがもっとも分かりやすく伝わってくる、酒匂シゲさんの〝まつばんだ〟である。

「この歌に聴き覚えはないですか」

まるで警察の取り調べのようだと自分で思いながら、有羽さんの次の言葉を待った。

「そうですね、部分的にはいろんな歌を思い出しますね。たとえば……」

「たとえば？」

「〝スンカニー〟とか」

「そうですか、似てますか！　これ、屋久島の古い歌なんですが、ルーツが与那国の〝スンカニー〟なんじゃないかと論じている研究者がいるんです」

僕の声が会議室に鳴り響いた。

「あ、似てますよ、確かに。声を伸ばしていくところが似ている」

与那国島の伝承歌の担い手からお墨付きを得て、もう取材どころではない。初対面のインタヴュアーからの矢継ぎ早の質問にもかかわらず、有羽さんはどっしりと構えている。そして、こう続ける。

「サバニ（丸木船）に乗ったこと、あります？」

「ないです」

「機会があったら、一度乗ってみてください。帆を張ったサバニに乗るとわかるんですけど、与那国から西表まで渡ろうと思うと、飛行機よりも早いんです。つまり、今の人が考えるより、昔の人たちは自在に海を渡っていたということですよね。与那国の海は荒れていることが多いけれど、ある時期になると静かになるんです。そのときを狙って渡ると、あっという間なんです」

「与那国から屋久島だって、サバニに乗ればそんなに遠くなかったと」

「そういうことです。海の流れというのは歌と関係が深いんです。終戦直後、与那国は台湾との貿易で景気がよかった時代があったんですね。台湾から入ってきた物資を与那国で積み込んで、それを神戸まで持っていって闇市で売っていた。当時は今みたいに船も大きくなかったので、燃料補給などで他の島に寄らないといけなかった。そのなかで歌が伝わることもあったと思います。なにしろ歌は荷物にならないですからね（笑）」

有羽さんはそう言って豪快に笑った。


〝スンカニー〟を〝まつばんだ〟のルーツとするのは、いくらなんでも無理があるのではないか。正直、杉本さんの説を知ったときはそう思った。だが、有羽さんの話を聞いてからだと、杉本説に説得力のようなものを感じてしまう。海を自在に行き来できるマージナルマンたちにとっては、屋久島と与那国島の距離など大したものではなかったのだろう。歴史資料には記載されていない隠れた交流もあったのかもしれないし、そうしたなかで歌が伝わった可能性は否定できない。

なにせ根原金殿は動力船などない時代に竹富島にやってきて、与那国島に愛人を作っていたのである。マージナルマンたちは僕が考えるよりもよほどタフだったはずだし、有羽さんが言うように「歌は荷物にならない」わけで、その意味では最高の手土産だったはずだ。

〝まつばんだ〟を追う江草啓太さん・ゆうこさん夫妻

ふと思い立って、僕に〝まつばんだ〟の存在を教えてくれた江草さん夫婦に会いに行くことにした。

僕のほうでは一方的にご夫婦に対して「まつばんだ探検隊の仲間」という親しみを持っていたが、どうやら江草さんたちも同じ感覚を持ってくれていたようで、お話を伺いたいと連絡すると、快くご自宅に招き入れてくれた。久々の再会だったが、挨拶もそこそこに早速〝まつばんだ〟の話が始まった。

ゆうこさんの父は屋久島の船行《ふなゆき》集落の生まれ。幼いときに島を離れると、高校まで鹿児島で育ち、卒業したあとに大阪に働きに出た。ゆうこさんも大人になるまで父のルーツが屋久島にあることを知らなかったが、「自分のルーツでもある屋久島にも歌があるんだろうかと思い、夫婦で屋久島に行ったんです」（ゆうこさん）という。それが２００９年のことだった。

そのときの旅で江草さん夫婦はＣＤ『屋久島のわらべ唄・民謡 まぼろしのまつばんだ』を手に

入れ、〝まつばんだ〟と出会う。当時のことを啓太さんはこう回想する。

「最初は琉球音階が混ざっているということもわからなかったんですよ、微妙すぎて。琉球音階になっている箇所が意識的にやったものなのか、そうなってしまったのか、判別ができなかったんですね」

そう言って啓太さんは自宅の一角に設置されたグランドピアノを爪弾きながら、音階の解説を始めた。啓太さんはピアニストであり、ミュージカルの音楽監督も手がけるプロフェッショナルなミュージシャンである。専門的な音楽理論にも精通した啓太さんの解説はとても興味深いものだった。

「ミの音がフラットすれば琉球音階になるし、ナチュラルであれば民謡音階になるわけですけど、その間の微分音もあるような感じもするんですね。でも、そこまで意識的に歌っていない気もするし」

「なるほど。歌自体が琉球音階というよりも、人によって琉球音階になるということですね」

「そうですね。人によって聞こえ方は違うだろうし、捉え方によって変わってくると思うんですよ。少なくとも僕は琉球音階と民謡音階が混在してる曲は、それまであまり聴いたことがなかった。だから発見したときには驚いたんです。ただ、奄美大島には都節音階と民謡音階が混在する島唄もあるんですよね。だから、琉球音階と民謡音階が混在していても不思議ではないし、そういう曲は他にもあるかもしれない」

一方、ゆうこさんは啓太さんと少々異なる感想を持った。ゆうこさんは奄美島唄の第一人者である朝崎郁恵さんに師事し、２０１０年には奄美島唄の最高峰を競う「奄美民謡大賞」の本選にも出場を果たしている。

「それまで私は奄美の島唄しか知らなかったんですけど、〝まつばんだ〟を初めて聴いたときに不思議な懐かしさを感じたんですよ。ただ、これを歌うのは大変だと思いました。音階とコブシが複雑で、そう簡単には歌えないだろうと」

「沖縄の民謡に近いとも感じました？」

「メロディーの流れが沖縄の古謡に近いという感じはしました。上がって下りるという、落差が大きいメロディーなんですよね」

〝まつばんだ〟は捉え方によってその表情を大きく変える。歌い手によっては琉球の色が強くなることもあるし、ヤマトの色が強くなることもある。光をあてる角度によって色彩を変える鉱石のような感じとでもいおうか。そこがこの歌のおもしろいところでもある。

啓太さんが注目しているのは、〝まつばんだ〟という言葉の由来だ。先にも書いたように、宮之浦には「松葉の座」と呼ばれる接待用の大広間があり、そこで歌われていた歌がやがて〝まつばんだ〟と呼ばれるようになったという説があるが、どうもその説には納得しがたいものがあった。だが、啓太さんは今までどの資料にも記されていなかった、驚くべき説について話し始めた。

「沖縄の慶良間《けらま》で、坂や崖のことを向こうの方言で『ばんだ』と呼ぶと聞いたことがあるんですよ。喜界島に行ったときに現地の図書館で調べたことがあるんですが、喜界島では坂を『ぱんた』と言うらしくて。自分の持っている喜界島方言集にもこう書いてあるんです。（ページをめくりながら）……あったあった、これだ。『ぱんた／坂の頂上、絶壁になっているところ』。実際、喜界島にはテーバルバンタという場所があるんですよ。ハンググライダーをやるような小高い丘なんです」

のちほど調べてみたところ、沖縄ではさまざまな場所に「バンタ」という言葉がつけられていることがわかった。国頭郡国頭村の宜名真《ぎなま》には茅《かや》打ちバンタという断崖絶壁があり、多くの観光情報では「バンタ（ハンタ）は沖縄の方言で崖のこと」と書かれている。沖縄島と海中道路で繋がった宮城島には果報バンタという崖があり、糸満市摩文仁《まぶに》には「摩文仁ハンタ原遺跡」という埋葬遺構が、うるま市与那城には「平安座《へんざ》東ハンタ原遺跡」がある。ここでいうハンタ原とは「崖の（端っこの）畑」という意味だ。

『琉球方言辞典』を引くと、複数の土地でこの方言が使われていたことが記されている。座間味村のとある集落では「バンタ」、久米島のふたつの集落では「ハンタ」。おそらく他の地域でも使われているところはあるはずだ。奄美群島に属する喜界島には海を伝って入ってきた琉球文化の痕跡が見られるが、テーバルバンタなどの地名は沖縄方言が土着化した一例といえるだろう。

「バンタ」＝沖縄方言で「崖」。これは杉本さんや下野さんも辿り着かなかった重要な手がかりである。僕は前のめりになりながら啓太さんの話に耳を傾けた。啓太さんはさらに続ける。

「断崖絶壁の上に松があるような場所が、どこかにあるような気がしているんですよね。屋久島では見つからなかったけど、鹿児島にはひとつ、気になっている場所があるんですよ」
それが鹿児島港の一角に立つ「琉球人松」という松のことだった。同地に建てられた石碑には、鹿児島市観光課によるこんな解説が記されている。

琉球船の目印松
磯浜の名物、享年142歳
磯浜には昔、石燈籠に抱きつくように見事な枝を張った大松がありました。琉球からの船が入港する時、目印にした松ということから「琉球人松」と呼ばれていました。
松の上の丘は桜の名所で、海上から桜を眺める遊覧船も多かったといいます。ところが終戦後松食い虫の被害にあい、この名物松を惜しむ人達が手を尽くして駆除に努めましたが、その甲斐なく枯れてしまったのです。
そこで、1953年（昭和28年）10月2日、当時の市長勝目清のノコ入れで切り倒され、翌年、数本の姫松が植えられました。その中の一本が現在、石燈籠の左手に根付いています。切り倒された琉球松の年輪を数えると142あったそうです。
なお、琉球人松には、琉球船が入港する際に目印にしたという謂れと、ここで花見をする琉球人たちの様子を見るために多くの人々が集まったという謂れがある。妄想を広げるならば、花見の際に琉球人たちは〝まつばんだ〟を歌っていたのではないか？などと考えてみたくもなるけれど、なんでもかんでも〝まつばんだ〟に結びつけるのは無理があるだろう。だが、少なくとも鹿児島港の一角には、松の生えた崖＝「まつばんだ」が存在していたのだ。

喜界島の〝まつばんちゃ〟

舞台をふたたび江草家に戻そう。

啓太さんに続き、ゆうこさんが師匠である朝崎郁恵さんから習ったというとある歌について話し始めた。

「朝崎先生に〝まつばんだ〟の音源を聴いていただいたことがあるんですよ。そうしたら『これは喜界島の〝まつばんちゃ〟に似てるね』といって、いきなり歌いだしたんです」

「〝まつばんちゃ〟？」

「そう、〝まつばんちゃ〟。江戸時代生まれのおばあちゃんが先生を寝かしつけるときに歌っていたみたいで。喜界島の方に聞いても知らないというし、喜界島出身の学者さんに聞いても『そんな歌はない』と言うんです。先生の頭の中にしか残ってないんですよね」

ゆうこさんはそのときの会話を録音していたというので、早速聞かせていただくことになった。

データを再生すると、朝崎さんの話し声が聞こえてきた。

「ばあちゃんが歌っていた歌でね、間違ってるかもわからんけど……」

続いてこんな歌を歌い出すのである。

きゅうぬほこらしゃや 何時よりむまされぃ
いてぃむ今日ぬ如にあらちたぼれ

驚いたのはそのメロディーで、ほとんど〝まつばんだ〟と一緒である。同じ歌と言ってもいい。

「これはすごい。ほとんど一緒じゃないですか！」

「でしょ？ すごいですよね！ こういうこともあるのかと驚きました」

興奮する僕に共鳴するかのように、ゆうこさんも大きな声を上げた。

朝崎さん自身は奄美群島の加計呂麻島《かけろまじま》の生まれだが、おばあさんは喜界島の人だったという。明治以降途絶えてしまった古い歌であれば、研究者が知らなくても無理はないが、それを今も覚えている朝崎さんの記憶力にも驚かされる。

ゆうこさんによると、「きゅうぬほこらしゃや 何時よりむまされぃ」という出だしの一節は、八月踊り歌や島唄など奄美大島のさまざまな歌の中で使われている共通歌詞だという。意味は「今日はなんと誇らしい日だろう いつにも増して勝っている」。この一節は祝福の意味合いで歌われており、祝い歌という側面もあった〝まつばんだ〟との共通点も感じさせる。

喜界島といえば、薩摩から奄美や琉球へと砂糖を積みにいく「ばい船」のことが思い出される。『薩州山川ばい船聞書』でも触れられていたように、山川港から出たばい船は喜界島や徳之島、沖永良部島まで黒砂糖を積みに出かけ、船乗りたちは各島の女たちと何日か過ごしたあと、ふたたび山川へと戻っていった。そのように山川港と喜界島の間を行き来していた船乗りたちが〝まつばんだ／まつばんちゃ〟を伝えた可能性はある。

マージナルマンたちは宴会の席で一緒になると、故郷の歌を歌い合ったことだろう。もしくはその島の愛人と歌の交換をしていたのかもしれない。屋久島にもマージナルマンたちがやってきて、地元の船乗りや女たちに琉球音階の〝まつばんだ〟を聴かせることもあったはずだ。そうこうするうちにその不思議なメロディーは屋久島の生活に入り込み、島の伝統になった——これはあくまでも僕の仮説にすぎない。

そもそも伝承歌とは親から子へ、子から孫へと伝えられる口伝の文化である。古文書に記されるようなものではないため、ルーツや伝承に関する明確な答えは存在しない。日本全国どこの民謡も由来めいたものが伝えられているけれど、でっちあげのものだったり政治的に捏造されたものも少なくない。

〝まつばんだ〟に関して重要なのは、屋久島には黒潮上を行き来していたマージナルマンたちが育んだ文化的な土壌があり、そのうえに歌の風習が息づいていたということだ。ヤマト世界と琉球世界の境界線上の島、屋久島には、北方・南方それぞれから多種多様な物事が伝えられたのだ。

民俗学者である宮本常一は、昭和15年（1940年）に屋久島を訪れ、調査を行っている。そして、こんな結論を導いている。

300年間ほとんど他との交通を断って明治に至っていることに、この島の調査の意義があるかと思う。いわばその文化はだいたい300年間停滞性のなかにいたと言えるのである。宮之浦には奉行所もあって鹿児島からの文化流入もあったらしく、年中行事に六月灯など見られているが、南海岸はその影もない。（宮本常一『宮本常一著作集16 屋久島民俗誌』）

宮本は中国行きの密貿易船、ばい船、朝鮮からの漂着者などを丹念に調査したうえで、「わずかにこの島が他との文化の接触を持ったとすれば、それは流人との関係であろう」と記している。

僕が違和感を感じたのは、宮本が「停滞性」という言葉を使い、たびたび屋久島の閉鎖性についても言及している点だ。それぞれの集落が分断され、小さな集落内で世界が完結している様を見ると、確かに「閉鎖的」という刻印を押したくなる。だが、屋久島では各地のマージナルマンたちが島民たちと交流し、密かに島の生活に影響を及ぼしていたのだ。

実は宮本が屋久島を調査した年の数年前からは与論島の麦屋地区から屋久島への漁民たちの移住が始まっており、春牧集落には移住者たちのコミュニティーもできつつあった。沖縄島の糸満や久高島の漁民が屋久島にやってきたという資料も残っている。

こうした南方からの漁民たちの移動は、昭和に入って突然始まったわけではない。土台にはマージナルマンたちの交流の歴史と土壌があり、だからこそ与論島や糸満の漁民たちは屋久島をめざしたのだ。宮本常一ほどの偉大な民俗学者ですら、屋久島のそうした側面を見逃していたわけで、それぐらい南方から持ち込まれたものの痕跡は島民たちの生活に溶け込み、見えにくくなっていたのだろう。〝まつばんだ〟にしたって杉本信夫さんが研究対象としていなければ、琉球音階であることを見逃され、そのまま静かに伝承が途絶えていたはずだ。

なぜ屋久島の人々は島外から持ち込まれた〝まつばんだ〟を歌い継いだのだろうか。そこには島民のどんな思いが刻み込まれていたのだろうか？　歌の根本のことが知りたかった。〝まつばんだ〟の種を屋久島へと持ち込んだマージナルマンの足跡と、それを開花させた島の風土と精神的土壌に触れるためには、東京で資料を探すだけでは限界があった。こうなると、ふたたび屋久島に行くしかない。

だが、あいかわらず屋久島は遠かった。2020年8月には屋久島町で初めての新型コロナウイルス感染者が確認された。その前月には与論島でクラスターが発生しており、屋久島でも感染の拡大が懸念されたが、幸いにも屋久島でのクラスターが起きることはなかった。

離島の場合、一度感染が広がってしまうと、医療環境が不十分なため対応に苦慮することになる。実際、与論島でクラスターが発生した際は、一部の感染者を海上保安庁の航空機で島外に搬送するという大事になった。もちろん屋久島も例外ではない。そうした状況下では、そう気軽に屋久島に足を運ぶわけにはいかなかった。

ありがたいことに、国本さんからは島の近況を伝えるメールがたびたび送られてきた。初の感染者が出た2020年8月最大のニュースは、屋久島北部の一湊元浦海岸にマッコウクジラが漂着したこと。屋久島経済新聞の記事によると、クジラの体長は11メートルほど。傷もなく、腐臭もないことから、死後間もないと見られている。屋久島でもクジラを間近で見ることは珍しいそうで、ニュースを聞きつけた島民が次々と見物に訪れ、一帯は賑わいを見せたという。

11月には〝まつばんだ〟関連の大きなニュースがあった。屋久島町全域で流れる17時の時報が、〝夕焼け小焼け〟から〝まつばんだ〟へと変更されたのだ。

屋久島町役場にその提案をしたのは屋久島高校の3年生、寺田雅さん。同校の普通科環境コースではひとり1テーマの研究に取り組む「探究活動」が導入されており、寺田さんは「町の防災無線から流れる時報に、島の民謡を使ってもらう」というアイデアを思いつく。そのアイデアを役場にプレゼンするだけでなく、自身で〝まつばんだ〟の編曲までしてしまったというのだからすごい話だ。国本さんの話では毎日17時になると管楽器でアレンジされた〝まつばんだ〟が屋久島中で鳴り響いているのだという。

「シャーマンみたいなおばちゃん」のお告げ

ある日、麗さんから1枚の写真がメールされてきた。プリント自体かなりの年代物なのだろう、色がかすかに抜けている。そして、そこには着物を着た上品なおばあさんが写っている。

それはなんと、昭和40年（1965年）と昭和42年（1967年）に〝まつばんだ〟を吹き込んだ酒匂シゲさんの生前の写真だった。いつ撮影されたものかはっきりしないものの、カラー写真が普及したのが60年代中盤から70年代以降であることを考えると、ちょうど〝まつばんだ〟が吹き込まれた時期に撮られたものだろう。明治元年（1868年）生まれのシゲさんは当時100歳前後のはずだが、とてもその年齢には見えない。矍鑠《かくしゃく》としていて、気品が漂っている。シゲさんの〝まつばんだ〟を聴いたとき、脳裏には沖縄の素朴なおばあの姿が浮かんだものだが、そのイメージとはだいぶ違う。麗さんはシゲさんの親族の方からそのプリントを預かっており、スキャンしてデータ化するつもりだったらしい。

屋久島では〝まつばんだ〟の再生に取り組む地元の音楽家として麗さんに会ったが、島出身であり、ライターでもある麗さんは屋久島中にコネクションを持っていた。

麗さんの家系が代々屋久島だということは何となく聞いていたが、曽祖父の池亀藤一さんは中国で事業を成功させ、帰国後には故郷である安房のインフラ整備に尽力したという人物。麗さんの父、池亀洋海さんは昭和50年（1975年）に安房川添いにジャズと珈琲とスコッチだけのカフェバー「散歩亭」を創業し、芸術家や文化人との交流も深かった。

麗さんはそうした家系で育っただけでなく、洋海さんが若くして亡くなったあとは散歩亭を切り盛りしてきたこともあって、安房の古老たちとの繋がりも深く、彼らから島にまつわるさまざまな話を耳にしていた。

たとえば、初めて屋久島で会ったとき、麗さんは僕にこんな話をしてくれたものである。

「ある日、近所のおばちゃんから電話をもらったんです。

『麗ちゃん、あんた、〝まつばんだ〟歌ちょいとか？』

『うん、歌ってるよ』

『あの歌はよ、昔、位の高いお客さんが来たときにもてなすために歌うものやった。そういうお客さんがきたときは奥座敷に通すでしょ。屋久島の奥座敷はどこかわかる？』

『えっ、どこ？』

『花之江河《はなのえごう》よ。だからね、うまく歌おうとせんでいいから、森の間から空に突き抜けるように歌えばよか』

おばちゃんはそう言うんですよ。実はそのおばちゃんは、ときどきシャーマンのように、不思議なことを言うおばちゃんなんです。私、花之江河に行ったこともないし、山にも登りたくないと言いました。

でも、〝まつばんだ〟を歌うとき、不思議と頭の中にいつも同じ風景が思い浮かぶんです。どこの場所かはわからないんですけどね。おばちゃんの話を聞きながら、もしかしたらそれが花之江河かもしれないと思ったんです」

花之江河とは、屋久島の中央部にあたる標高1640メートルの地点に広がる日本最南端の高層湿原のことだ。宮之浦岳や黒味岳《くろみだけ》登山の途中に位置し、約2600年から2800年前にできたものと推測されている。

その花之江河にいったい何があるというのだろうか？　沖縄や奄美にはユタと呼ばれる民間霊媒師がいる。ユタは神のお告げを伝えたり、悪霊を祓う霊能者である一方で、暮らしのなかで問題が起こった際、解決のヒントを与えてくれる「近所のお助けおばちゃん」でもある。

かつての屋久島にもそうした民間霊媒師がいた。カミサン、モノシリ、トイダシドンなど集落によって呼び名が違うが、人間関係や健康面で問題があった際には霊媒師のもとを訪れ、祈祷や口寄せを依頼した。山で誰かが行方不明になると、カミサンのもとを訪ねて居場所を尋ねることもあったらしい。

麗さんにアドバイスをした「シャーマンみたいなおばちゃん」もまた、そうしたカミサンのひとりなのかもしれない。彼女はなぜ〝まつばんだ〟の再生に取り組む麗さんに「花之江河」というキーワードを与えたのだろうか？

無数のクエスチョンマークが頭の中で点滅していた。パンデミックによってかき回され続けた2020年という奇妙な年が終わろうとしていた。

第3章

蘇生する〝まつばんだ〟——2021年2月

約1年ぶりに屋久島の地に降り立つ

僕は焦っていた。東京に閉じこもっていた約1年の間、〝まつばんだ〟とは別の件でじっくり話を聞こうと考えていた岡山のとある高齢男性が亡くなってしまった。90代という年齢を考えれば大往生といえるが、その少し前にお会いした際はとてもその年代とは思えないほどお元気だっただけに、落胆は大きかった。彼と交わした「また遊びにきますね」という約束は、結局実現することなく、彼の脳内に残っていた重要な記憶は言葉に書き起こされることないまま消え去ってしまった。コロナ禍で移動を自粛している間に、こうやっていくつもの物語が失われていくのだろう。そんな焦りが、僕を屋久島への旅へと駆り立てた。

初めて屋久島を訪れてから1年の歳月が経とうとしていた。僕は屋久島に行くことを決断すると、そのことを国本さんに告げ、フライトのチケットを押さえた。万全を期すため、2週間一切外出せず、直前にはＰＣＲ検査を受けて陰性を確認したうえでの旅である。自宅にこもる生活でストレスが溜まっていることもあるのだろう。久々に触れる外界の光景がどこか眩しく感じられた。

羽田の東京国際空港から朝7時55分発のＪＡＬ６４３便に搭乗し、まずは鹿児島へ。この日は強風のため、喜界島など南方の離島へ向かう鹿児島空港からの便は欠航が続出した。屋久島に向かうＪＡＬ３７４５便の欠航も覚悟したが、なんとか時間通りに離陸を果たした。

鹿児島から屋久島までのフライトタイムはせいぜい40分ほどだが、気流にもまれた機体は終始揺さぶられ続け、たった40分の時間が永遠にも感じられた。「それでも本当に屋久島に来たいのか?」――まるで屋久島の神様に試されているような気がした。

2021年2月15日、僕はそうやって約1年ぶりに屋久島の地に降り立った。真冬のオフシーズンであることに加え、パンデミックの真っ只中ということもあって閑散とした風景を想像していたものの、東京に渦巻いていたような緊迫感はほとんどない。観光客は確かに少ないけれど、島民の表情に暗さはなく、島の空気は前回の滞在時とさほど変わらないように見える。南洋の島ならではのリラックスしたムードに、張り詰めていたものがほんの少しだけ解きほぐされた。

空港ではいつものように国本さんが僕のことを待っていた。ネット経由でやりとりするうちに「まつばんだ探検隊」の3人目のメンバーになっていた麗さんも合流し、まずは挨拶がてら屋久島町役場に行くことになった。

1年前と大きく違うのは、〝まつばんだ〟の話を島民に切り出すと「まつばんだ? ああ、時報で流れているあの曲ね」といった具合に、時報の話が出てくるようになったことだ。屋久島町全域で流れる17時の時報が〝夕焼け小焼け〟から〝まつばんだ〟へと変更されたのはこの取材の3か月ほど前のことだったが、新聞やテレビのニュース番組で報道されたこともあって、島民の間でかなり浸透しているようだった。そもそも毎日17時になったら、それまでとは違う旋律が大音量で流れてくるのだから、いやがおうでも覚えてしまうだろう。

令和元年に完成したばかりだという屋久島町役場の新庁舎で、広報を担当している総務の濱崎寿仁さんから話を伺うことができた。濱崎さんは島民からの反響をこう話す。

「時報の反響はいろいろですね。〝夕焼け小焼け〟から〝まつばんだ〟へと時報が変わる数日前から広報や防災無線でお知らせしていたんですが、突然変わったという印象を持った方もいたみたいで」

その日のうちに僕は〝まつばんだ〟が時報として流れる場面に遭遇した。山中にでもいないかぎり、防災無線から流れる〝まつばんだ〟から逃れることはできないわけだが、僕ははじめ、その旋律が〝まつばんだ〟だとは気づかなかった。酒匂シゲさんが歌う〝まつばんだ〟に慣れすぎてしまったのかもしれないが、僕の耳には時報の旋律が別の曲に思えた。

そもそも〝まつばんだ〟は歌い手によって琉球音階になったり都節音階になったりと、旋律のなかに揺らぎを含んでいる。編曲した寺田さんにとっては、これが〝まつばんだ〟なのだ。ひとつの正しい〝まつばんだ〟ではなく、人それぞれの〝まつばんだ〟が存在するという緩やかなあり方がまた、なんとも屋久島らしいではないか。

山尾三省が生きた山間の集落

僕には今回の滞在でどうしても訪れたい場所があった。それが山尾三省が詩作に耽った白川山《しらこやま》という山間の集落だった。屋久島のなかでも秘境中の秘境。国本さんですら訪れたことのないという場所だ。

屋久島最北部にあたる漁業の町、一湊から一湊川添いに車を走らせて約20分。山尾三省とその家族が屋久島を守る会との縁によって白川山に移住したのは昭和52年（1977年）のことだった。

戦前、白川山には炭焼きに携わる人々が少数暮らしていたほか、戦中には米軍機の爆撃を逃れた島民が疎開してくるケースもあったようだ。住民の人数が増加したのは戦後まもない時期。故郷に引き揚げてきた人々で一湊が人口過剰になったこと、炭焼きや伐採、植樹などの山仕事が盛んになったことで、白川山へ移り住む家庭が増加し、最盛期には28世帯が住んでいたという。

その後、高度経済成長期以降、ふたたび白川山の住民は減少に転じ、わずかに残った家屋も70年代初頭の土石流災害が引き金となって廃村となってしまう。山尾三省とその一家がやってきたのは、白川山が廃村になって数年後のことだった。

80年代、白川山には山尾三省を慕ってさまざまな旅人が訪れては、しばしの静かな時を過ごしたと聞く。〝まつばんだ〟再生のきっかけを作った屋久島学ソサエティの発起人、手塚賢至さんも家族でこの集落に入ると、山尾三省と同じように土地を開墾し、みずから家を建てた。〝まつばんだ〟

の再生について手塚さんにはお話を伺わないといけないとも考えていたため、交流の深いあべ心也さんと共に手塚さんの住む白川山を訪れることになったのだ。

一湊の集落であべさんと待ち合わせ、2台の車で一湊川に沿って上流へと続く狭い道を進む。車のウインドウを開けると渓流添いに吹き抜ける冷たい風が吹き込んできた。一湊に吹いていた潮風とは明らかに違う種類の風だ。ハンドルを握る国本さんも「屋久島のどの集落にいってもまったく別の場所にきたという感じがしないんですけど､明らかに違う場所に来た感じがしますね」と話す。

あべさんの車はやがて数軒の民家が並ぶ白川山の一角で停車した。激しい音を立てながら下流へと流れ込む一湊川の渓流のすぐ真横には小さな小屋があり、それが山尾三省が生前使っていた書斎「愚角庵《ぐかくあん》」だった。地元の方に案内していただき、書斎へお邪魔すると、まず待ち受けているのが使い込まれたデスク。その横には団扇太鼓が供えられた祭壇もある。窓の外では一湊川の流れる音が絶えず響き渡っていて、「三省はこの音を聞きながら詩作に励んだのか」という感慨が込み上げてくる。

そこには今も三省の気配がはっきりと残っていた。三省の愛読した書籍や仏具は確かな経年劣化の跡が窺えたが、むしろ書斎自体がみずから自然に帰っていこうとしているようにも思えた。一湊川の冷たい風に晒されながら、少しずつ朽ちていこうとするその風景には、三省の「朽ちる美学」そのものがあった。

一湊川の流れる音を聴きながら、愚角庵からさらに上流に構える手塚さんのお宅へと徒歩で向かう。現在の白川山には15世帯が住んでいる。最盛期の半分ほどだが、廃村の心淋しい雰囲気はあまりない。しばらく歩くと、ひときわ趣のある木造建築が現れた。あべさんを先頭にその家へ入っていくと、手塚賢至さん・田津子さんご夫婦がにこやかに我々を迎え入れてくれた。

「当時は10軒ぐらいだったんじゃないかな。ただし、人口は今の3倍でした。各戸子供が多かったり、1世帯に住む人数が今よりも多かったから、多いときは60人ぐらいいましたね」

手塚さんはそう話しながら、囲炉裏に薪をくべる。薪はときたまジュッと音を立て、赤い炎を立ち上らせる。そうやって薪は少しずつ炭になっていく。

手塚さん一家が白川山にやってきたのは昭和60年（1985年）のことだった。

「山尾三省の本をたくさん出している野草社という出版社が『80年代』というオルタナティヴな雑誌を出版していたんです。おもしろい雑誌で、私は愛読者でした。その本のなかに情報コーナーがあって、山尾三省が白川山への移住者を募集しているということが載っていたんです。ちょうどそのころ、当時住んでいた埼玉からどこかに移住しようと考えていたんですよ。それでちょっと連絡してみようと」

ヒッピー文化に多少なりとも触れた経験のある者であれば、山尾三省は知らない人はいない人物である。2001年の死後も三省の著作はたびたび復刊され、そのたびに新しい読者を獲得している。80年代は現在ほど多くの著作が世に出ていたわけではなかったが、それでも熱心な愛読者が存在し、そのうちの一部は三省をきっかけとし、新天地を求めて白川山にやってきたのだ。

手塚さんもそうしたヒッピーのひとりだとばかり思っていたのだが、彼は苦笑いを浮かべながら「ヒッピー文化に浸かった人たちにとって三省はグルみたいなものかもしれないけど、みんな別にあいつに惹かれてきたんじゃないよ、と言うと思います。おそらくそれぞれに自分のプライドがあるでしょうから（笑）」と話す。

「70年代は日本でも各地にコミューンができて、若い人たちは全国を旅していましたよね。私もゲイリー・スナイダーの本は読んでいたけれど、ヒッピー・コミュニティーの中に入っていたわけではないんです。『80年代』を読んでいたのは20代のころで、自分の生き方を決めるうえでも自然の豊かなところで子育てをしたいという希望もありました。そんなこともあって『白川山で新しい村づくりをする人を求む』という三省の呼びかけに心が動いたんです。山尾三省の読者ではあったけれど、崇めていたわけでもなかったし、頼りにしていたわけでもなかった」

囲炉裏から白い煙が立ち上がり、暖かい空気が少しずつ部屋を満たしていく。山尾三省は移住当時、中古材を使って仲間と共に家を建てたが、手塚さんたちもそうやってこの家を作り上げた。田津子さんが「私たちの前に白川山に移住してきた人たちは、みんなそうやって家を建てていましたね」と言うように、それは三省以降の白川山の習慣のようなものだったのだろう。自分の住む家を自分の手で建てる。ロマンのある話ではあるけれど、僕にはとてもできそうな気がしない。大工でもなかった手塚さんはどうやってこの家を作り上げたのだろうか。

「ここはね、当時は原野だったわけ。だから、自分たちで木を切り、重機を使わずに自分たちで整地しました。とはいえ、私は大工の知識がないし、いきなり家を建てられるわけがない。どうしようかと思っていたら、一湊の大工さんのところに弟子入りしていたヤスさんという白川山の先輩がいたんですよ。その大工さんが志戸子《しとご》に古い家を解体した材があることを教えてくれて、交渉して安く手に入れたんです。そういう材を手に入れられたので、棟上げまでその大工さんにお願いして、それ以降はいろんな人に協力してもらいながら家を建てることができたんですよ」

中古材を譲り受けた際、少なくとも築100年は経った古い民家で使われていたものだと手塚さんは聞かされたらしい。長い年月をかけて囲炉裏の煙を吸い込み続けた家の柱は、黒く変色している。そこには確かな風土が刻み込まれていて、新築の建売住宅とは別物の風格をまとっていた。

囲炉裏には火が起きて、もくもくと煙が上がっている。鉄瓶からは湯気が立ち上がっている。訪問客が食べ物を持ち寄るのが白川山の宴のスタイルだそうで、囲炉裏を囲んでさまざまな食べ物がずらっと並ぶ。

「大石さんは何を飲みますか？　私は焼酎のお湯割りを飲みますが……」

手塚さんにそう聞かれれば、僕も焼酎一択である。囲炉裏で温めたお湯で芋焼酎を割り、ぐいっと飲み込むと、冷えた身体に血が巡り始めた。外から流れ込む冷気もスパイスとなって、最高の美味しさだ。酔いが回る前に話を本題に戻さなくてはいけない。

「手塚さんが〝まつばんだ〟の存在を知ったのはいつごろだったんですか？」

そう問いかけると、手塚さんもまた芋焼酎のお湯割りをぐびりとやりながら、90年代半ばのとある出来事について話し始めた。

「1995年に喜納昌吉がサバニ・ピース・コネクションというプロジェクトをやったことがあるんですよ。与那国島からサバニを漕ぎ、黒潮に乗って島づたいに北上して長崎と広島へ平和の願いを伝えるというもので、喜納昌吉だけじゃなく、チャンプルーズのメンバーも一部乗っていました。そのプロジェクト一行が屋久島にやってくることになって、私は有志を募って彼らの受け入れをしたんですよ。素晴らしい試みだと思ったしね」

協力してくれたひとりは、のちに宮之浦の歴史民俗資料館の館長を務めた郷土史家で、平和活動にも理解があった山本秀雄さん。手塚さんは喜納昌吉と山本さんを引き合わせた際、山本さんが喜納に〝まつばんだ〟の話をしたことを覚えている。

「山本さんが〝まつばんだ〟の楽譜を昌吉に見せたら、昌吉がそれを弾いてくれたんですよ。昌吉はこう言ってましたね、『これは東崎《あがりざち》だね』と。メロディーがそっくりだっていうわけです」

東崎とは与那国島の東端に広がる岬のことで、天気のいい日はここから東方の西表島が見えるのだという。喜納昌吉はこの岬を題材に〝東崎〟というオリジナル曲を作詞作曲している（喜納昌吉&チャンプルーズのファースト・アルバムに収録）。つまり、喜納昌吉は〝まつばんだ〟の旋律からすぐさま琉球の匂いを嗅ぎ取ったのだ。杉本信夫さんは与那国島の〝スンカニー〟に〝まつばんだ〟の源流を求めたわけだが、喜納昌吉もそこに与那国のイメージを重ね合わせた。そこに偶然以上の何かを感じ取るのは少々強引だろうか？

屋久島人としてのアイデンティティー

何度も書いているように、現在の〝まつばんだ〟リヴァイヴァルは、手塚さんが発起人のひとりとして名を連ねる屋久島学ソサエティが起点となっている。

2013年には1回目の屋久島学ソサエティ設立大会が開催され、3回目となる2015年度にはいよいよ〝まつばんだ〟が議題のひとつとして取り上げられた。掲げられたテーマは「古謡『まつばんだ』の源流を探って」、企画者は手塚さんだった。

「屋久島で歌い継がれてきた歌というと棒踊りうたやわらべうたがあるけれど、そういうものと比べても〝まつばんだ〟は独特だなと思っていたんですね。杉本信夫さんも論文のなかで琉球との繋がりを残しているとも書いているし、僕も関心を持っていました」

2015年度の屋久島学ソサエティでは杉本信夫さんが来島し、与那国島から順番に古謡の音律や歌詞を解説。〝まつばんだ〟に残る琉球の痕跡を実証した。

「このときの屋久島学ソサエティでは杉本さんをお呼びし、もうひとり宮城竹茂という琉球音楽の師範で、琉球音楽全般に精通している人も沖縄から呼んだんです。私はね、〝まつばんだ〟に琉球からの影響がどういう形で入っているのか、おふたりの理論と実践を並べればわかるんじゃないかと思ったんですよ。竹茂さんは〝東崎〟から始まって、北上しながら歌がそれぞれの島でいかに変容していくか歌ってもらいました。そして最終的に〝まつばんだ〟になる、と」

宮城竹茂さんは琉球古典音楽野村流松村統絃会副会長という肩書きを持つ人物である。手塚さんは事前に〝まつばんだ〟の音源を竹茂さんに送っていたそうで、その反応は「ああこれは琉球だね、それも先島の」という期待どおりのものだったという。

また、この年の屋久島学ソサエティでは島の有志が「まつばんだ受け継ぎ隊」を結成。録音テープに残された音源を頼りに練習を重ね、舞台上で〝まつばんだ〟を披露した。調査研究するだけでなく、実際に歌ってみよう――。〝まつばんだ〟が単なる調査・保存対象ではなく、現代の文化として再生したのは手塚さんのそうしたスタンスあってこそだろう。

「受け継ぎ隊を始めるのも大変だったんですよ。歌えそうな人を口説いて回ってね。年配の方はみんな長いこと歌っていないし、自信がないわと」

手塚さんの妻、田津子さんも受け継ぎ隊の創設メンバーのひとりである。田津子さんによると、受け継ぎ隊のなかにはそれ以前から観光客に対して〝まつばんだ〟を歌って聴かせていたバスガイドさんもいたそうで、杉本さんの講演で〝まつばんだ〟の存在を知ったという人もいたという。つまり、屋久島学ソサエティが〝まつばんだ〟を取り上げる以前から、杉本さんや野呂さんの活動を通して〝まつばんだ〟に触れていた島民がごく少数ながら存在していたのだ。

田津子さんが囲炉裏にかけられたフライパンの上でお好み焼きを焼き始めた。野菜がたっぷり入った生地がジュッと美味しそうな音を立てている。囲炉裏での調理は目にも鼻にも楽しい。立ち上る白い煙に目が痛くなってきたものの、そんな些細なことがどうでもよくなってくる。

「宮城竹茂さんは〝まつばんだ〟をこう解釈していたんですよ。これはね、恋の歌だよと」――焼酎の入った湯飲みを手にした手塚さんが話を続ける。

「〝上い口説〟でも歌われていたように、琉球と薩摩の間では役人たちが行き来していたわけで、湯泊の笠踊りうたみたいなものも残っている。そういう歌から明らかなように、琉球の人々も屋久島に滞在していたのは間違いないと。そのときに村の娘といい仲になった例もあるんじゃないかと竹茂さんは言うんですね」

「なるほど、それはありえますよね」

「あとね、〝まつばんだ〟といっても屋久島の人たちは誰も語源がわからない。松葉の座で薩摩の役人を接待したときに歌ったから〝まつばんだ〟だ、そう言う人もいるけど、私なんかは本当かなあ？と思うわけ。竹茂さんの説はね、『ハンタ』というのは沖縄の方言で『崖』のことらしいんですよ」

〝まつばんだ〟の語源を沖縄の方言である「バンタ（ハンタ）」に求めるというのは、まさに2章で江草さんが唱えた説である。僕は思わず身を乗り出した。

「屋久島の海岸には松の生えた崖もあちこちにあります。そんな『松のバンタ』で愛を語り合ったんだよと竹茂さんは言うんですね。私もその説が一押しです（笑）」

松が生えた崖は屋久島にあったのかもしれないし、ひょっとしたら山川港かもしれない。あるいは鹿児島港かもしれない。頭の中でいくつものクエスチョンが飛び交う。いずれにせよ、今の段階でその結論を出すのは少し早すぎるだろう。

「私はね、〝まつばんだ〟の一番の歌詞に思い入れがあるんです」――手塚さんはそう言って、こう続ける。

「屋久のお岳をおろかにゃ思うなよ 金の蔵よりゃなお宝よ。誰が詠んだか知りませんが、誰の〝まつばんだ〟でもこの一節は揺るがない。そこが屋久島の希望かなという気がしているんです。『屋久島の自然を疎かにしちゃいけないよ、お金や蔵よりも大切な宝物だよ』と歌っていた民衆の思いを受け継ぐ必要があると思うんですよ。この思いを忘れてしまったら、屋久島人は屋久島人でなくなってしまう」

「屋久島人としてのアイデンティティーがここに凝縮されているわけですね」

「そういうことです。それが屋久島学ソサエティを続けてきてわかったことなんですよ」

なお、「屋久のお岳をおろかにゃ思うなよ」という一節は〝まつばんだ〟だけで使われているものではない。楠川の盆踊りや安房の棒踊り、十五夜の綱引きなど、屋久島の各集落に伝わるさまざまな芸能や祝い歌でも用いられる、いわば屋久島のスタンダードだ。大切なものが込められているからこそ、あるいは島民ならば誰もが知っていた一節だからこそ、さまざまな場面に用いられた。そういうことなのだと思う。

宴はここからが本番である。手塚さんにインタヴューする僕に気を使ってくれていたのか、言葉数の少なかったあべさんを皮切りに、参加者が口々に〝まつばんだ〟のルーツに関する自説を語り始めた。あべさんの妻であり、歌い手である弥生さんも力を込めて〝まつばんだ〟について歌う覚悟について話し始める。〝まつばんだ〟はルーツに関する確かな文献が存在するわけではない。だからこそ、「ひょっとしたらこうなんじゃないか」という妄想めいた仮説が広がっていく。〝まつばんだ〟は酒の最高の肴でもあった。

杉本さんは酒匂シゲさんの歌う〝まつばんだ〟を「琉球音階である」と断言していたが、あべさんは断言していいものか迷っているようだった。暮らしのなかで歌われてきた古謡を楽譜の上に書き起こすというのはそもそも無理のある話である。シゲさんの〝まつばんだ〟も決して完璧に音符に置き換えられるものではなく、歌自体が揺らいでいる。

だが、沖縄民謡を学んできたという手塚さんの娘、木咲さんは「私にはね、琉球音階に聴こえるの」とも話す。やはりここでも〝まつばんだ〟は聴く人・歌う人によって表情を変えるのである。2章では「光をあてる角度によって色彩を変える鉱石のよう」と書いたが、聴き手の感性を写し出す鏡のようなものともいえるかもしれない。

「さあ、歌いましょう！」――手塚さんの呼びかけによって突然歌遊びが始まった。先陣を切って歌い始めた木咲さんの歌は酒匂シゲさんの節そのままで、僕は驚いてしまった。そこに手塚さんたちが「チョイサヨ」という囃子を自然に重ね合わせていく。それまで騒いでいた子供たちが何かを感じ取ったのか、すっと静かになった。暮らしのなかで〝まつばんだ〟が生き生きと歌われる場に直面し、僕は静かな感動に包まれていた。

「私の願いはね、自分たちで歌詞を作ってほしいということ。それができたときに本当の意味で屋久島の〝まつばんだ〟になるんだと思う。歌にはそうやってひとりひとりの思いが刻まれてきたわけだし、〝まつばんだ〟にはその残光がある。可能性があると思うんですよ」

手塚さんはそう言って、何杯目かの芋焼酎を飲み干した。歌を保存・継承するだけでなく、現代の暮らしのなかで再生する意味について手塚さんは考え続けている。いや、ご本人の意識としては「楽しく実践している」といったところだろうか。

かつての屋久島でもきっとこんな夜が繰り返されたのだと思う。客人の間で歌遊びが始まったかと思うと、南方からやってきた褐色の肌の船乗りは琉球の匂いたっぷりのメロディーを歌って島の男たちを驚かせたかもしれない。あるいは山川港からやってきた船乗りが琉球人に習ったという歌をぎこちなく歌ったこともあるかもしれない。宴会の場は、そうやっていくつもの文化をミックスしながら新たな歌を生み出していく。

玄関を開け、一歩外に出ると、そこには漆黒の闇夜が広がっていた。街灯がまったくない白川山の夜は、まるで砂漠の真ん中のように暗く、静かだった。手塚さんが懐中電灯で足元を照らし出してくれなければ、わずか数メートルの地点に停めた車まで辿り着くことさえできなかっただろう。

〝まつばんだ〟が繋いでくれた縁に感謝しながら、僕らは帰路についた。

ひとりの音楽教師の挑戦

資料の少ない〝まつばんだ〟に関する一級品の資料、それも数少ない音資料が『屋久島のわらべ唄・民謡　まぼろしのまつばんだ』という2枚組のCDだ。ここまでに何度も触れてきたが、このCDがなければ僕らの取材は路頭に迷っていたことだろう。

1章で触れたように、このCDを制作した野呂正和さんもまた〝まつばんだ〟再生の立役者のひとりだ。交流のあるえぐさゆうこさんに紹介していただき、姶良市に住む野呂さんにネット経由でインタヴューすることになった。

野呂さんは昭和26年（1951年）、鹿児島県曽於市末吉町生まれ。鹿児島県内のさまざまな高校で音楽教師を務め、昭和55年（1980年）から昭和60年（1985年）3月までの5年間、屋久島高校に赴任した。モニターに映る野呂さんは気さくで話好きな音楽の先生といった雰囲気で、インタヴューはリラックスしたムードで始まった。

野呂さんが〝まつばんだ〟のことを初めて知ったのは、昭和55年8月に杉本さんが宮之浦総合開発センターで行った講演会のときだった（CDには1981年と誤記されている）。

「屋久島高校同窓会で文化的な講演会を独自にやっていたんですよ。そうした講演の一環として30人から40人ぐらい集まって杉本先生の話を聞いたんです。私は屋久島高校の教員だったので、聞きに来ないかというお誘いがあったんですよ。（屋久島高校に）赴任して4か月後ぐらいだったと思います」

「野呂さんはそこで初めて〝まつばんだ〟のことを知ったわけですね」

「そうですね。杉本先生の話だと〝まつばんだ〟の旋律は琉球旋法だというんですね。ただ、そう言われても、ピアノで弾いてみるとどうしても琉球音階とは思えなかったんですよ」

「音楽的知識のある方はまずそこにぶつかりますよね。これって本当に琉球音階なのか？という」

「そうなんです。我々のような西洋音楽にかぶれた者にとっては民謡音階に聞こえていたけれど、杉本先生はその微妙なところを掴み取っていたんだと思います。西洋音楽的な観点からすると、酒匂シゲさんは音痴ですよ。だけど、歌の中に確実に琉球音階が入っている。だからね、楽譜に書けないニュアンスがあるんですよ。酒匂シゲさんの歌のなかには染み付いたものがあるんです」

野呂さんが〝まつばんだ〟に魅了されたのは、琉球音階がそこに見られるからではなく、島で育まれた「楽譜に書けないニュアンス」が歌のなかにじっとりと染み付いていたからだろう。西洋音楽にどっぷり浸かった音楽の教員が「楽譜に書けないもの」に魅了されたわけで、そこに野呂さんの感性のしなやかさを感じてしまう。

野呂さんによると、屋久島高校同窓会が主催した昭和55年の講演会以降、県下の幼小中高大の教師が集まる音楽研究会でも〝まつばんだ〟がテーマとして扱われたという。野呂さんはそうした場にやってきた意外な人物のことを記憶している。

「まつばんだ交通の社長も来ていたような気がするんですよね。昭和55年の講演会だったのか、その後の研究会だったのか。もしくはその前からご存じだったのかはわかりませんけどね。その社長は80年代前半、自分でまつばんだ交通を起こしているんですけど、『お告げがあって、この会社名にしました』と言っていました。社長が〝まつばんだ〟という歌自体をどれぐらいご存知だったのかは覚えていませんが」

「お告げがあって、この会社名にしました」――まさに「まつばんだ様の思し召し」といった感じの話でゾクッとしてしまう。

そろそろ本題である『屋久島のわらべ唄・民謡 まぼろしのまつばんだ』に話を移そう。ここには屋久島の北から南まで各集落の伝承歌が収められている。そのなかには杉本さんから託された音源もあれば、野呂さん自身が集落を訪れて録音したものもある。

この音源集を聴いていると、かつての屋久島で多種多様な歌が歌われていたこと、しかも素晴らしい歌い手がたくさんいたことに驚かされる。少なくとも野呂さんが屋久島に赴任していた80年代前半、島にはまだ生き生きとした歌の世界が広がっていたのだ。だが、ここに収められた伝承歌の多くが現在では忘れ去られてしまった。

「僕の田舎でもそうなんですけど、お祝い事があったら誰かが三味線を弾いて自然に歌が始まるんです。誰かに見せるものというより、自分の心の発露がそのまま歌や踊りになって表れる。昔はテレビや映画だってそんなに簡単には見られないですから、自分たちで楽しみを作ってたんですよね。屋久島にも沖縄や奄美大島みたいに生活に立脚した歌があったわけです。自分たちの生活のために歌っていた。

80年代はまだ屋久島でも集落ごとの地域性が今以上にくっきりと残っていたんです。たとえば島でも北部のほう、永田とか吉田のほうの子供だと話すとすぐわかるんですよ。話し口調がちょっと違うんです。それぞれの集落ごとのイントネーションがあり、言い回しがある。だから、この子がどこの子かすぐわかったんですよ。もう今はほとんど一緒になっているかもしれませんけど」

野呂さんが屋久島を離れてから30年以上。〝まつばんだ〟に対する注目が島の内外で高まっているわけだが、そのことについて野呂さんはどう思われているのだろうか。

「本当にありがたいですし、嬉しいですよね。学術的に音を集め、分析するだけじゃなくて、やっぱり生歌としてみんなに聞いていただきたいし、できたら歌っていただきたい。僕が〝まつばんだ〟のことを知った当時、すでに屋久島には歌える方はいなかったですし、生歌に触れる機会もなかったわけでね。

ある意味現代風にアレンジしてもいいし、琉旋にかぎらず、民謡音階でやってもいいと思います。自分の〝まつばんだ〟という意味で、それぞれが表現されたらいいんじゃないかと。チャレンジするにはすごく手応えのある曲ですから」

たったひとつの正調を作り、スタイルを固定してしまうのではなく、いくつもの〝まつばんだ〟を生み出す余地を残すこと。野呂さんや手塚さんの柔軟な考えが土台にあったからこそ、〝まつばんだ〟は令和の世になってふたたび息を吹き返そうとしているのかもしれない。

「やっぱり根っこがほしいんじゃないですか」

屋久島で慌ただしい取材スケジュールをこなしているうちに、「いつかきっちり話を伺おう」と考えていたあべ心也さんにインタヴューする機会を逃していたことに気づいた。世界中の民族音楽に関心を持つあべさんは、〝まつばんだ〟のどこに魅了されているのだろうか。聞きたいことは山ほどあった。

リモートであべさんに繋ぐと、背後にゴッタンが見えた。ゴッタンとは南九州に伝わる三弦の弦楽器で、その形状から箱三線や板三線とも呼ばれる。大工が家屋を作った際、余った材料で制作することもあったそうで、そうした場合は新築祝いとして家主にプレゼントされたらしい。

「後ろに見えるのはゴッタンですか？」

「そうですね。安房にユタみたいなことをされていたおばあちゃんがいたんですよ。近所の人に心配事とかおかしなことがあったとき、相談にいくおばあちゃんっていう感じで、今も生きていたら120歳ぐらいだと思うんですけど、このゴッタンはその方が持っていたものです。弾く人がいないということで僕のところにこういう楽器が集まってくるんです」

あべさんは普段のライヴではこのゴッタンをつま弾きながら〝まつばんだ〟を歌う。そこにはあべさんならではのこだわりがあるようだ。

「民謡である〝まつばんだ〟を聴きやすくしちゃうことに対しての葛藤があるんですよ。僕も西洋音楽で育ってきたので、音楽教育を受けていない昔のおじいちゃんおばあちゃんの、それこそ変拍子にも感じられるリズム感や喋ってるような歌の感じを出したくても出せない。どうしても4分の4拍子的な感覚が出てきちゃうんですよね。それをごまかすというか、わからなくするためにゴッタンを使っているのかもしれない」

野呂さんが「西洋音楽的な観点からすると、酒匂シゲさんは音痴ですよ」と言うように、あべさんもまた「西洋音楽の感覚でいうとリズムに乗っていない」とシゲさんの歌を分析する。音階も揺れているとともに、リズムも揺れている。そもそもそこで「揺れていない」とする根拠はあくまでも西洋音楽的な観点にすぎないわけで、自分の感覚がそれだけ西洋音楽によってフォーマットされてしまっているということでもある。

「〝まつばんだ〟をリアルに歌えたのは明治生まれの世代なので、途絶えてから結構時間が空いてるんですよ。途絶えたあとに歌い始めた僕らは、西洋音楽に揃えたかたちで継承しちゃってるところはあると思うんです。

たとえば、インド音楽ってものすごく細かく音程をコントロールするじゃないですか。僕らが若松シマさんや酒匂シゲさんの〝まつばんだ〟を完全に再現しようとすると、そういうアプローチになってきちゃいますよね。ここの部分だけあえて琉球音階を使ってみよう、とか。それが正しいのかどうか、別の話ではあると思いますけど」

「悩ましいところですね。無意識で歌っていたシマさんやシゲさんの歌に近づけるために、細かく音程をコントロールして再現するべきかどうか」

「そうなんですよ。コントロールしていない人の歌に近づけるためにコントロールするとしたら、本末転倒な気もしますし。〝まつばんだ〟も生活の歌であり、民の歌なわけじゃないですか。外国の文化に溢れている現代、〝まつばんだ〟を歌うときにどちらが〝まつばんだ〟に近いのか、禅問答みたいな話ですよね。ただ、酒匂シゲさんの歌を完璧に分析して、それをきっちりコントロールして歌う人がいたっていいと思うし、僕がどっちを歌うべきか悩んでるということですよね」

そうした悩みは神奈川県横浜市に生まれ育ち、東日本大震災を機に屋久島へやってきた移住者であるあべさんならではのものともいえる。

「文化の搾取みたいなことは絶対にやりたくないんですよ。本当は余計なことを考えず、フィジカルな快楽を大切にやればいいと思うんですね。でも、それだと酒匂シゲさんや若松シマさんがやっていたことと離れすぎてしまう。今楽しい〝まつばんだ〟をやればいいんじゃないかと常々考えているんですけどね……」

あべさんはそう言って苦笑いを浮かべた。外部から屋久島の風土に向かい合い、〝まつばんだ〟についての本を1冊書き上げようとしている僕もたびたびあべさんと同じ悩みに直面した。僕だって〝まつばんだ〟と屋久島のことを好きなように書けばいいのだろうが、それは「文化の搾取みたいなこと」になりかねない。部外者として自分がどのスタンスに立つべきか悩み続けているし、結論は今のところ出ていない。

島の伝統に対して複雑な思いを抱えているのは移住者だけではない。島生まれ・島育ちの住民には、彼らならではのややこしさがある。

「地元生まれ・地元育ちの方に盆踊りについて話を聞いたことがあったんですよ。子供のころ、親父に無理やりやらされてすごくイヤだった、と言っていました。そういうトラウマとセットになっているケースもあるんですよね。ただ、話の最後に『お前らみたいなのが残してくれるとうれしいけどね』とぼそっと言ったり、彼らは彼らでやっぱり単純じゃないんです」

そうしたややこしさは、麗さんと話していても感じることだった。〝まつばんだ〟を歌いたいけれど、歌いたくない。島のことについて話したいけれど、この島は美しいものだけで構成されているわけではないし、観光パンフレットのような美麗美句ばかりを集めた切り取り方には違和感を感じる。だが、それでも、〝まつばんだ〟には特別な魅力があり、だからこそ歌い継いでいきたい。麗さんの心のうちには、そんな単純ではない思いがあるようにも思えた。

では、あべさんは〝まつばんだ〟のどこに魅了されているのだろうか。

「やっぱり根っこがほしいんじゃないですか。世の中の動きを見ててもそういうことを感じるんですよね。グローバル社会のなかでどこでも生きられるようになったぶん、自分は何者なのか、自分の足元を補償してくれるものをみんな求めている気がする。僕も生まれ育った横浜から1500キロ離れた屋久島に住んでますけど、なおさら自分が立っている地面にすがりたくなるというか、繋がりがほしくなるんですよね。〝まつばんだ〟からはそうした繋がりが見えてくるんですよ。文字や言葉と違って音楽って3次元的で、時間の経過や人の息遣い、先祖の怨念みたいなものまで、全部が刻み込まれる表現なので、僕自身はほっとするような感覚がある。よかった、繋がってるっていう。自分にとっては命綱のようなものですね」

根っこ、すなわちルーツ。それは必ずしも生まれ育った場所だけでなく、あべさんのように移住先に根っこを見いだすこともできるだろう。そして、自分は大地に立っているのだという実感は、生きるうえでの活力を与えてくれる。

都会に生まれ育つと、土地との繋がりを実感する機会はあまりない。僕だって明日のことなんて考えてもいなかった20代のころは根無草的なライフスタイルに憧れもあったし、どこにも根ざしていないふわふわとした生き方に心地よささえ感じていたものだった。だが、ある時期からそうした生き方に虚しさと不安を覚えるようになった。僕はどこからやってきて、どこに向かうのだろうか。あべさんの言葉はまるで自分のことのように感じられた。

インタヴューの最後、あべさんはゴッタンを手にしながらこんな話をしてくれた。

「自分の場合、屋久島で生きることと〝まつばんだ〟みたいな伝承歌を歌うことがワンセットになっていて、それをおもしろがっている感じなんですよ。インド音楽の演奏家は『自分がこの音階やリズムを作ってるんじゃない。もともと音楽は神様が作ったもので、自分は発見しているだけなんだ』ということをよく言うんですけど、僕もそんな感じで生きていきたいなと思っています」

〝まつばんだ〟もまた神様が作ったものであり、自分は発見しているだけなんだ。確かにそういうことなんだと思う。その神様とは山の神かもしれないし、「まつばんだ様」かもしれない。それにしても神様はずいぶんと魅力的な歌を作ってくれたものである。

今日という日へのメッセージソング

屋久島の宝である〝まつばんだ〟にどのように向き合うことができるのか。何人もの歌い手が自問自答しながら答えを探し続けている。そこに確かな正解はないけれど、かといって何をやってもいいというわけではない。

たとえば特定の地域の郷土料理に対し、原形を留めないほどにアレンジを加え、「これがこの土地に伝わってきた郷土料理です」と販売すれば、これは冒涜以外の何者でもない。アボカドなど巻き込んだカリフォルニアロールはなかなか美味いけれど、あくまでもアメリカ流の巻き寿司であって、日本の伝統料理ではない。それと基本的に同じことだ（カリフォルニアロールは海苔や生魚に馴染みのないアメリカ人のために日本人の寿司職人が考案したとされ、その歴史と背景はなかなか興味深いものなのだが）。

〝まつばんだ〟にしたってこの歌がどこの島に伝わってきたものかよくわからないまま、歌詞とメロディーを自分流にアレンジすれば、それはカリフォルニアロールと何ら変わらないのではないだろうか。歌い手とアレンジによっては（カリフォルニアロールが案外美味いように）自己流〝まつばんだ〟に感動することもあるかもしれないけれど、少なくとも「これが屋久島の古謡です」と断言してしまえば、まつばんだ様からこっぴどく叱られることだろう。アレンジすること自体が悪いわけではないけれど、かといって何をやってもいいというわけではない。伝統と創作のバランスは、そのへんが実に難しいところなのである。

では、〝まつばんだ〟を屋久島の古謡たらしめているものと何なのだろうか。〝まつばんだ〟の歌い手たちはその答えを探し続けているということなのだと思う。

〝まつばんだ〟の調査を始めた当初、数少ない資料のひとつがMBCラジオ（南日本放送）の番組『やくしまじかん』の放送音源だった。麗さんと屋久島を守る会の長井三郎さんが出演したその回のテーマは〝まつばんだ〟。番組中、長井さんは〝まつばんだ―この島で―〟という楽曲をアコースティックギターの弾き語りで歌った。サビでは「屋久のお岳をおろかにゃ思うなよ 金のな 蔵よりゃなお宝な」というお馴染みのフレーズが差し込まれるこの歌は、〝まつばんだ〟をオマージュした長井さんのオリジナル曲だ（作詞・長井三郎、作曲・笠井廣毅）。

この番組中、長井さんは〝まつばんだ〟のことを「僕は触らないでおこうと思って、（原曲そのままで）歌うのをやめたの」とも話している。なぜ「触らないでおこう」と思ったのだろうか。〝まつばんだ〟に対する思いが強すぎるあまり、遠ざけようとしているのだろうか。自身の視点から〝まつばんだ〟に取り組む長井さんもまた、じっくりお話を伺わなくてはいけない人物のひとりだった。

昭和26年（1951年）、屋久島の宮之浦で生まれた長井さんは、複数の顔を持っている。屋久島を守る会の中心メンバー。ビッグストーンというバンドのヴォーカリスト。宮之浦の民宿「晴耕雨読」の主人。『屋久島発、晴耕雨読』などの著作がある文筆家でもある。

晴耕雨読でリラックスする長井さんは、まず自身のファミリーヒストリーから話し始めた。

「僕の曽祖父は西南の役のとき西郷隆盛側についていて、命からがら屋久島へ逃げてきたんです。

当時のことを知ってる90代後半のおばあちゃんからは以前、『あんたの先祖はマラ1本で落ち延びてきた』と言われましたね。『ふんどしひとつでやってきた』なんて表現がありますけど、ふんどしすらしてなかったと。

曽祖父は明治10年（1877年）ごろ屋久島の平内のほうに入って、やがて宮之浦に落ちついたようです。僕はその年、宮之浦に建てられた家に今も住んでいるんですよ。だから築140年以上ですよね」

昭和26年生まれの長井さんの幼少時代は、まさに高度経済成長期の真っ只中にあたる。屋久島でも森林の伐採が進み、みるみる島の風景が変わっていったころだ。

「昭和30年代初期にチェーンソーが導入されてから山の景色が一変したんです。江戸時代は屋久杉をメインに切っていたんですが、高度経済成長に伴う住宅ブームでパルプ産業が急激に成長するなか、パルプ材として使うために照葉樹林も切るようになるんですね。チェーンソーを使って非常に大きな面積、それこそ100ヘクタール単位で切ってしまう。それで昭和30年代から40年代にかけてみるみる山が禿げていったんです」

当時の長井さんがそうした時代の移り変わりをどう見ていたかというと、意外なことに長井さん自身もダイナマイトで林道を切り開くバイトをしていたのだという。当時は長井さんですらそうした島の変化に危機感を感じていなかったのだ。

昭和44年（1969年）になると、大学入学のため東京へ。当時は学生運動の真っ只中にあり、新宿駅西口の地下広場ではフォークソングを歌う若者たちが集会を行い、機動隊が出動することもあった。長井さんもそうした時代のうねりに刺激を受け、ベ平連（ベトナムに平和を！市民連合）の活動にも参加した。

そう聞くと典型的な学生運動の闘士という感じもするが、長井さん自身は「あくまでもノンポリ学生のひとりだったと思いますよ」と話す。

「ベ平連の考え方には納得できたのでデモにも参加していましたけど、自分自身の運動を展開するところまではなかなかいかない。学生運動もちょっと距離を置いて見ていましたね」

昭和50年（1975年）には屋久島へ帰島。自給自足の生活に憧れていた長井さんは、農業をやるという明確なヴィジョンを持って島に戻った。

そのころの屋久島は原生林の伐採を巡って揺れに揺れていた。昭和39年（1964年）には屋久島の国有林面積の47パーセントが国立公園に指定。昭和44年（1969年）に林野庁が「屋久島国有林の自然保護に関する調査団」を派遣すると、その調査結果をもとに一部の原生林が保護されることになった。

ただし、国立公園特別保護区は守られても、守られるのはごく一部。それ以外の森林は好景気を背景に急ピッチで伐採が進められていく。開発か、保護か。その狭間で揺れ動くなか、昭和47年（1972年）に立ち上げられたのが「屋久島を守る会」だった。長井さんが島に戻ったのは会が発足して3年後。帰島してすぐにその活動に加わることになる。

「屋久島を出るまで島に対して『自分たちの島』という意識はあまりなかったんですよね。（島の）外へ出てみて初めて俺たちの故郷の島がどえらいことになっているということに気づいたんです」

屋久島を守る会の活動は決して順風満帆なものではなかった。林業で生計を立てている住民からの反発もあり、むしろ強烈な逆風のなかでのスタートだったという。

「そもそも島の現状に対する危機感がまったく共有されていなかったんですよ。『守る会っちゅうのはひどい、木1本切るなと言ってる』と。僕らは『木1本切るな』なんて言ったことはないんですよ。山と永続的なやりとりをしよう、そのためには切り方も考えなきゃいけないし、自分たちの代で森を食い潰すんじゃなくて、子孫のために残しておくべきだ。そういう言い方をしてるんだけど、最初はすごく反発をくらいました」

昭和54年（１９７９年）、「これは大変なことになるぞ」という長井さんの予感は現実のものとなる。９月30日、台風16号が屋久島を襲うと、永田集落を流れる土面川が氾濫。複数の家屋が流失や全壊したほか、２００軒以上が浸水した。朝日新聞デジタルの記事「縄文杉の50年」によると、永田集落の住民たちは集落に流れ込む土面川の上流で伐採が進んだことが原因と考えた。帰島してから屋久島を守る会の活動に参加していた長井さんもまた、「そのとき山がひどいことになっているということを痛烈に思い知らされたんです」と話す。

逆風のなかにあった屋久島を守る会の活動は、土面川の氾濫をきっかけのひとつとして島民たちの支持を得るようになる。もちろん自然保護に対する考え方は屋久島でも一枚岩ではないし、現在でも意見の相違はあるだろう。だが、島の空気は昭和54年をひとつの境目として確実に変化していくのだ。

長井さんは「当時の僕を支えていたもののひとつが〝まつばんだ〟の『屋久のお岳をおろかにゃ思うなよ 金のな 蔵よりゃなお宝な』という文句だったんですよ」と話し、こう続ける。

「金の蔵よりも、もっと大事な宝とは何なのか？ 島にとって大事な宝物を探し出すことが、今生きている僕らに与えられた使命なんだ。そのために僕らは今、この運動に取り組んでいるんだ。そういうことを考えていました」

屋久のお岳をおろかにゃ思うなよ 金のな 蔵よりゃなお宝な――屋久島に生きる人々にとって、この一節はやはりかけがえのないものなのである。そして、長井さんもこの一節を胸のうちに抱きながら、これまでの人生を歩んできたのだ。

島の現状について話が及ぶと、長井さんの口調にも熱がこもる。

屋久島を守る会の活動は、世界自然遺産登録へ至る島民たちの意識を醸成したとも言えるけれど、1章で触れたように、長井さんは必ずしも島の世界自然遺産登録をポジティヴに捉えているわけではない。

「世界遺産に登録されているのは、島の西側を中心に島の面積の5分の1なんですよ。僕ら島に生きている人間からすれば、どんどん切り刻まれて、5分の1しか残らないところまで島の森が追い詰められたという思いがある。そういうギリギリのところに来ているんだというところから僕らは世界遺産登録のことを考えようとしているんだけど、島の外から見ると『自然が素晴らしいから世界遺産に登録されたんだね』と捉えられてしまう」

これは屋久島における自然保護の話であると共に、〝まつばんだ〟の根幹に関わる話でもあるはずだ。そのまま長井さんに話を続けてもらおう。

「この島で子供を育て、その子供たちが末長く安定して暮らしていくためには、この島に何が必要だろう？ということをいつも考えているわけですよね。僕は最終的に山が山として存在することが大切だと思うんです。川が川として本来の輝きを放ち、海が海として広がっている。そうした環境がないと、島で生きている僕らにとって、逃げ場所はないんですよね。自然とやりとりするうえでの細く長い道を見つけていかないと、絶対続いていかない。

屋久島に住んでいるとよくわかることなんですが、山が安定していないと島の暮らしは成り立たないんですよ。そのことはトビウオの動きを見ていてもよくわかる。かつて屋久島の沿岸にはトビウオが産卵に来てたんですよね。それは魚つき林という森があって、安心して卵を産める環境があったからトビウオがやってきたんです。ところがそうした森が伐採されると、産卵のため屋久島にやってきたトビウオが来なくなった。だから、海のことでもあるんだけど、結局山なんです。山が安定してないと島の暮らしが成り立たない。〝まつばんだ〟をきっかけにそういうことに気づいたんです」

昭和26年生まれの長井さんであっても、幼少時代、暮らしのなかで〝まつばんだ〟を歌っている場面に遭遇した記憶はないと話す。歌詞は昔から知っていたものの、酒匂シゲさんの音源で初めてそのメロディーを知ったというのだ。

「僕は歴史民俗資料館で働いているときに（酒匂シゲさんの）録音テープを手に入れたんですが、そのテープを持って宮之浦集落の歌い手のもとを訪ねて回ったことがあるんですよ。そのとき宮之浦には歌える人が誰もいなかったんだけど、『そうそう、これが〝まつばんだ〟だ』という反応はありました。岩川シオさんという明治29年（1896年）生まれのおばあちゃんのところにも行ったんですが、『こんな難しい歌、私はとても歌えない』と言ってましたね。『酒匂シゲさんが100歳のときの録音なんですよ』と伝えたら、『じゃあ、私も100歳になったら歌えるかな』という言い方をしていました」

岩川シオさんは宮之浦集落きっての歌い手であったらしい。そんなシオさんであっても歌えなかったというのだから、いかに〝まつばんだ〟が特別な歌であったか伝わるエピソードだ。

ここでひとつの疑問が浮かび上がる。「歌えなかった」というのは単に技術的な問題だったのだろうか。あるいは〝まつばんだ〟に対して「誰もが歌っていい歌ではない」という畏れのようなものがあったのだろうか？　岩川シオさんの言葉のなかにはそうしたふたつの思いが交差しているようにも感じられる。

「そのへんが一番知りたいところなんですよ。いったいどういう場面で歌われていたのか。なぜ酒匂シゲさんなど一部の歌い手には受け継がれてきたのか。そこが一番興味あるところですよね。当時は（安房以外の）他の集落ではほとんど歌える人がいなくなってたでしょ。でも、あれだけの難しい歌が昭和40年代まで残っていたというのは、歌の持っている力のほかに、歌う場面があったということですよね」

長井さんもまた、例のラジオ番組のなかで「僕は触らないでおこうと思って、（原曲そのままで）歌うのをやめたの」と発言していた。長井さん自身、〝まつばんだ〟に対して畏怖のような感覚があったのだろうか。

「最初はあったんですよ。下手に手を出したら火傷するぞという。岩川シオさんみたいな上手な歌い手が100歳になったら歌えるかな？というぐらい難しい歌だと言っているわけで、僕らが手を出すもんじゃないと思っていました。

そうしたら、杉本信夫さんが島に何度もやって来て講演をしたことで、〝まつばんだ〟を歌い継いでいこうというグループが出てきた。そのとき、僕は安心したんですよ。ホッとした。正調をきちっと歌う人が出てきたので、これで僕らは下手な〝まつばんだ〟を歌ってもOKだと思ったんです（笑）」

そう言って長井さんは豪快に笑った。その言葉には多少自虐や謙遜のニュアンスもあったものの、決してそれだけではないだろう。自分は酒匂シゲさんのようには歌えない。だが、自分にしか歌えない〝まつばんだ〟があるはずだ。そうした信念のもと、長井さんの自作曲〝まつばんだ――この島で――〟を作り、現在まで歌い続けてきた。そこには現在を生きる歌い手としての矜持があると同時に、「民謡もまた現代のものである」という長井さんの思いがあるのではないだろうか。

「やっぱり自分たちの歌にしたいんです。民謡というと古い時代のものと思われるかもしれないけど、そうじゃない。今の意味合いを重ね合わせながら歌えると思うんですよ」

長井さんは東京に住んでいた大学生のころ、高田渡など同時代のフォークシンガーの歌に触れ、大きな影響を受けている。当時は自分自身で歌うことはなかったものの、屋久島に帰島して以降、岐阜県岩村町（現・恵那市）生まれのフォークシンガーである笠木透との出会いをきっかけに詩を書くようになった。

そうしたなかで書いたのが〝一本の樹〟という詩だ。この詩はフォークシンガーの坂庭省悟がメロディーをつけ、のちに坂庭自身の歌によって広く知られるようになる。そこには長井さんの強い決意が込められていた。

「島に帰るとき『一本の樹みたいに生きたい』という思いがすごくあったんですね。僕の中で『一本の樹』というのはすべての葉をみずから切り落とし、その葉っぱでみずからを養っていく落葉樹のイメージなんです。どれだけの大きな木になれるかわからんけど、とにかく島に根を下ろして一本の樹になろうと。そこには自給自足したいという想いもありました」

長井さんは著作のなかで「フォークソングは懐メロなのではなく、今日という日へのメッセージソングなのである」と書いている。その言葉は笠木透が言っていたという「フォークソングはタイムリーでなければならない」という言葉から触発されたものでもあるのだろうが、僕はどうしてもこれらの発言における「フォークソング」という言葉を「まつばんだ」に置き換えてみたくなるのだ。

〝まつばんだ〟は今日という日へのメッセージソングなのである。そして、〝まつばんだ〟もまた青々とした葉をみずから切り落としながら、その葉っぱでみずからを養い、新たなる枝葉を伸ばしてきたのではないだろうか。

祝い唄としての〝まつばんだ〟

屋久島滞在中、僕はたびたび平内集落からもほど近い尾之間図書室にこもり、貪るように資料を読み漁った。尾之間図書室は一見しただけだと地方の素朴な図書室といった感じだが、屋久島や近隣の島々に関する資料はかなり充実している。東京では見たことのない貴重な郷土資料が並ぶ書庫を前にするといくらでも時間を費やせそうな気がしてくるが、限られた滞在時間のなかでのリサーチだ。3時間なら3時間と時間を決め、その時間には国本さんに迎えに来てもらうよう約束をした。そうでもしなければ、図書室にこもったまま屋久島での滞在が終わってしまうような気がしたのだ。

その日の僕のテーマは、「屋久島以外の島々で〃まつばんだ〃はどのように歌われていたのか」。『屋久島のわらべ唄・民謡 まぼろしのまつばんだ』にはトカラ列島の悪石島と宝島の〃まつばんだ〃が収められているし、『日本民謡大観 九州篇（南部）・北海道篇』には臥蛇島と中之島のものが収録されている。そうしたトカラ列島の島々に伝わる〃まつばんだ〃を探ることで、かつての屋久島でどのように〃まつばんだ〃が歌われていたのか炙り出すことはできないだろうか。そんな思惑があったのだ。


いくつかの資料から浮かび上がってきたのは、僕が思っていた以上にトカラ列島の島々では〃まつばんだ〃が歌われていたこと、しかも祝い歌として大事にされていたということだった。

『かごしま 文化の表情 第7集（わらべ歌・民謡編）』によると、鹿児島の祝い歌には大まかにわけて2種類が存在する。年頭の祝いや出産祝いなど儀式のはじめに歌われる祝賀歌、そして酒宴の最中に歌われる祝い歌だ。祝賀歌で歌われる歌は地域によって異なり、南九州や黒島では〃ジョンガ節〃、種子島では〃めでた節〃などが歌われた。かたや酒宴の最中に歌うのは〃ハンヤ節〃〃鹿児島おはら節〃など賑やかな踊り歌が中心となる。

この分類によると、〃まつばんだ〃は祝賀歌に入る。確かに生前の若松シマさんは「山ん供養」「嫁祝い」「子ども祝い」など祝い事のはじめに〃まつばんだ〃を歌ったと証言しているし、別の郷土資料には男の厄年に十文字で小銭を年の数だけ撒き、自宅に戻ると必ず〝まつばんだ〟を歌ったという証言も残されている。

なお、山ん供養、すなわち「山の供養」とは山の神祭りのことで、祭りの日になると山仕事をする人たちは仕事を休み、里で安全祈願をした。こうした祭りは全国で行われてきたが、屋久島でも行われていたわけだ。

トカラ列島各島でも〝まつばんだ〟は祝い唄の一種として歌われた。下野さんは〝まつばんだ〟について「祝い歌で、一語一語を長くひいて歌う。薩南諸島各島にある歌で祝いの席で歌う」（『吐噶喇列島民俗誌第一巻　悪石島・平島篇』）と解説したうえで、平島の例を挙げている。家建てや年祝いの際、平島ではまず〝高砂〟〝四海波《しかいなみ》〟〝おさめの歌〟が祝賀歌として歌われ、そのあとの余興として〝まつばんだ〟が歌われた。〝まつばんだ〟を歌ったあとのやりとりについて、下野さんはこのように記している。

このあと、向かい合っている人と互いに焼酎をついで盃を取り交わす。次に千鳥がけといって向こう側の左右の人と盃を取り交わす。祝いの席の盃の取り交わし方は以上の通りだが、死人の座の盃は互いに向かい合っている人の内側の人から外側の人へ盃をさすのである。（下野敏見『吐噶喇列島民俗誌第一巻　悪石島・平島篇』）

十島村誌編集委員会・編『十島村誌』によると、悪石島でも同じような盃の取り交わしが行われていたらしい。悪石島の場合、盃を全員にまわすことを「かいよしの盃」と呼び、盃が回る間〝まつばんだ〟を歌うのが習わしとなっていた。

「かいよしの盃」と聞くと、どうも僕は「三国名勝図会」に記されていた屋久島の琉歌〝かれよし（嘉例吉）〟を連想してしまう。〝まつばんだ〟に限らず、屋久島とトカラ列島は多くの文化を共有していたのだろうが、ここではあまり深入りをしないでおこう。

また、『十島村誌』では昭和47年（1972年）に口之島で聞いた証言も記されている。ここでは「祝いの座敷では歌の順番が決まっていた。最初に歌うのがションガ節で、次にマツバンダ、その次にハンヤ節という具合に続くものであった」という記述が見られる。

先にも触れたように〝ションガ節〟はトカラ列島では定番の祝い歌で、曲の最後に「ションガエ」や「ションガオ」といった囃子詞がつくのでそう呼ばれる。歌の最後にこの言葉がつく歌は全国各地に伝わっており、仙台の〝さんさ時雨〟にも使われているぐらいで、伝播エリアは全国規模だ。「ションガ」という言葉の語源は「そうだそうだ」という合意の説、「仕方がない」を意味する「しょんがいな」「しょんがえ」など複数の説が存在するようだ。

日本文学・日本歌謡史の研究者である須藤豊彦は、鹿児島の例を引きながら「祝宴につらなる者が祝言を高唱したあと、みんなでその祝言を確認し、繰り返す意味で『ションガ、ションガ（その通り、その通り）』と唱えたおもむきがみえる」（須藤豊彦『日本民俗歌謡の研究』）と書いている。

〝まつばんだ〟もこの〝ジョンガ節〟と同じように祝いの席で歌われたのだろう。

『十島村誌』にはもうひとつ、おもしろいことが書かれている。トカラ列島には〝シャクダンバナ〟および〝トカラ観音主〟という〝まつばんだ〟と似た旋律の歌が存在していたというのだ。『十島村誌』では南薩で歌われていた草切り歌系統の歌が南方の島々へと伝わり、それが屋久島で〝まつばんだ〟として定着するとともに、トカラの島々では同じものが歌詞を変える形で定着したのではないかという説を唱えている（トカラ観音とは宝島に実在する観音堂のことを指す）。

音源として残されている〝シャクダンバナ〟を聴くかぎり、『十島村誌』に書かれているように「ほぼ同じ旋律」とまでは言い切れないものの、確かに影響関係がありそうな旋律とはいえる。平島では〝屋久島節〟という歌も歌われていたそうだが、こちらの旋律もまた〝まつばんだ〟に似ているらしい。

整理すれば、こういうことだろう。南薩の草切り歌が山川経由で島々へと伝えられていった。〝まつばんだ〟や〝シャクダンバナ〟〝トカラ観音主〟など歌の名は島によって変わることもあったし、〝屋久島節〟と呼ばれることもあったが、それぞれの島で祝い歌として定着した――と。

南薩から南方へと広がる海域では、そのようにさまざまな歌の華が咲き誇り、島から島へと続く「歌の道」を形成していた。もちろん記録に残っていない歌も星の数ほど存在していただろう。沖縄や奄美がそうであるように、屋久島を含む南西諸島北部も歌の宝庫だったのだ。

民謡研究家であった久保けんおの『南日本民謡曲集』には、〝まつばんだ〟の語源に関する興味深い説が記されている。いわく「三島村や南薩および離島にもあり川辺郡には松原田という地名もあるが、これと関係ないか。屋久島では松番田と書き、他地方では松蕃田と書く」と。

ネット上で「松番田」を検索しても何も情報は出てこないが、「指宿市」「松原田」と検索すると、確かに山川港からもほど近い開聞岳の麓に松原田という集落が実在するではないか。さらに調べを進めたところ、山川あたりの方言では松原田を「まつばんだ」と発音するらしい。

では、松原田集落にはいったい何があるというのか。そこには開聞岳の登山口があり、歩いて数分の場所にはかつて薩摩国一宮とされていた枚聞《ひらきき》神社がある。和銅元年（708年）創建と伝えられる枚聞神社は、開聞岳を神体とする山岳信仰の神社であり、古くからの航海神でもあった。そのため枚聞神社は琉球など南方の島々の船乗りたちからの信仰も集めたという。もちろん、屋久島の船乗りたちも例外ではなかったはずだ。

開聞岳の麓に端を発する〝まつばんだ〟は、なぜ琉球の面影を残しながら屋久島の地に伝えられていったのだろうか。キーとなるのは島から島へと渡り歩いたマージナルマンたちの足跡だ。歌から歌へと興味を掘り下げるなかで辿り着いたのは、やはり屋久島の四方に広がる広大な海の世界であった。

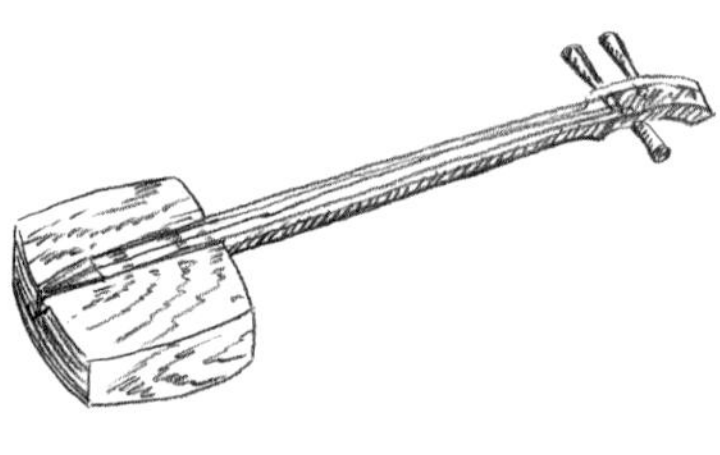

第４章

海の暮らし——屋久島の海民たち

与論島の漁師たちが持ち込んだもの

アナンダ・チレッジの客室から見える水平線は、今日も灰色の空と溶け合い、曖昧なグラデーションを作り出している。なにせ「ひと月に三十五日雨が降る」という屋久島だ。滞在中のほとんどは曇天で、日によっては2月の冷たい雨が大地をじっとり湿らせた。だが、そのぶん時たま顔を覗かせる晴天がありがたく、それだけで温かな気持ちになった。

僕はハワイのカウアイ島を訪れたときのことを思い出していた。あのときも突然のスコールで全身ずぶ濡れになったあと、くっきりとした晴天と大きな虹が広がって驚かされたものだったが、屋久島の南部はどことなくカウアイ島に似ている。今回の滞在時に青空が広がった時間は決して長くはなかったものの、短ければ短いぶん、抜けるような青空の色彩は鮮烈な記憶として脳裏に刻み込まれた。

国本さんによると、アナンダ・チレッジの建つ平内集落の沖合の海にも季節によってはクジラがやってくるという。運がよければその姿を見ることもできるらしいが、そのためには呆れるほどの時間、水平線を見つめ続けないといけない。ウキを見つめる釣り人のように辛抱強く水平線に対峙したものだけが、クジラの姿を捉えることができるのだ。そうやってのんびりとした時間を過ごすのも悪くはないけれど、僕はクジラを見るために屋久島にやってきたわけではない。そろそろ国本さんが客室のドアをノックする時間だ。

いったい誰が〃まつばんだ〃を屋久島に持ち込んだのだろうか。何度も書いてきたように、その謎を探ることは、南西諸島の島々を縦横無尽に行き来していたマージナルマンの足跡を辿ることも意味している。

2章で取り上げたように、ヤマトと琉球の文化要素が屋久島で混ざり合った背景には、境界を越えて移動する海民の存在があった。琉球から北上してくる人々がいれば、カツオを追って屋久島から南下する人々もいた。藩の委託を受けて薩摩と琉球のあいだを行き来し、年貢米や砂糖を運ぶ薩摩船があれば、薩摩から奄美や琉球へと砂糖を積みにいく「ばい船」もあった。彼らはみんな境界を跨いで日々の糧を稼ぐマージナルマンだった。

琉球王朝の役人が薩摩に上る道中の風景を歌い込んだ〃上い口説〃には、役人たちのオフィシャルな交流が記されている。だが、そうした歌にも歴史資料にも残されていない名もなき民衆同士の交流もまた、〃まつばんだ〃の土台になったのではないだろうか。

「とりあえず屋久島に行ってみました」という前回とは違って、今回は具体的な見立てのもと僕は屋久島にやってきたのだった。となると、海のことを知り尽くした海民に話を聞くしかない。島中に知り合いのいる麗さんの活躍もあって、今回の滞在では多くの島民に話を伺うことになっていた。もちろん、そのなかには海で生きてきた人々も含まれている。いずれも僕ひとりだったら到底辿り着けないだろう方々ばかりで、1週間の滞在日程は取材スケジュールでみっちり埋め尽くされていた。

この日は高校時代の麗さんの同級生のお父さんに話を聞くことになっていた。安房に住むその方は元漁師だそうで、ひょっとしたら〝まつばんだ〟の背景にある海民の暮らしについても何か知っているかもしれない。

麗さんの同級生である若松大介さんは、屋久島犬保存会の会長も務める人物だった。屋久犬は猟犬として優れた能力を持ち、かつては猟師たちの有能なパートナーとして重宝された。だが、純血の屋久犬は現在減少傾向にあり、大介さんは保存活動を行っている。

大介さんのお宅に到着すると、まずは屋久犬が僕らを出迎えてくれた。猟犬というから土佐犬のようなごりっとした姿を想像していたけれど、シャープで精悍。かわいらしい顔つきをしている。きりりと引き締まった身体からは身体能力の高さも窺える。屋久島の険しい山中を軽々と駆け回る光景が目に浮かんだ。

大介さんと簡単な挨拶を交わしたあと、父である貞男さんにお話を伺うことになった。貞男さんは昭和14年（1939年）、沖縄島からもほど近い与論島の生まれだ。

屋久島には与論島からやってきた人々のコミュニティーが存在する。中心となるのは安房の春牧集落。今まさに僕らのいる若松家もまた、その春牧集落の一角に建っている。

『屋久町郷土誌 第二巻 村落誌中』によると、旧春牧村は明治20年代、鹿児島南部から人々の移住が始まり、大正時代末期には21戸前後の住家があったという。この時点では与論島からの移住者はいなかったようだが、近隣の中間集落では沖縄島や与論島からやってきた漁民が一時的に漁を行っていた。

与論島から春牧への移住が本格的に始まったのは昭和以降。その先駆者といえるのが龍野金中と南熊城のふたりで、いずれも昭和4、5年に移住している。戦後になると与論島からの移住者は急増。その多くは漁業で生計を立てる漁師とその家族だった。与論島の漁師たちが得意としていたのは、2隻の船でロープを引いてトビウオを集める追い込み漁。その漁法はやがて屋久島漁民の間でも定着していく。

そんな与論島出身の漁民のなかでもレジェンドとされているのが、明治生まれの若松兄弟だ。長男の若松内渡美《うちどみ》さんをはじめとするこの兄弟のことは南西諸島一帯の漁業関係者のあいだでよく知られていたそうで、戦後、屋久島の漁業を引っ張った功労者でもあった。

昭和14年生まれの若松貞男さんが与論島から屋久島にやってきたのが昭和31年（1956年）。ひょっとしたら若松兄弟について何か知っているかもしれない。すると、貞男さんから予想外の言葉が発せられた。

「内渡美は私の父です」

「えっ？」——僕は思わずフリーズしてしまった。麗さんは同級生のお父さんが与論島出身ということでこのインタヴューをセッティングしてくれたわけだが、まさか南西諸島の漁業史を体現したレジェンドのご子息に会えるとは。ゆったりと雑談でもしようと考えていたものの、どうやらそれどころではなさそうだ。僕は脳内で慌てて聞くべき質問事項を組み立て直し、取材がリスタートした。

貞男さんの父、内渡美さんは明治43年（1910年）の生まれ。10代で沖縄島・糸満の大城カメに雇われ、漁業のいろはを学んだ。仕事は過酷を極め、四国や九州の追い込み漁にも参加していたようだ。

ここでのポイントは、内渡美さんが糸満漁民に漁のノウハウを学んでいたということだ。沖縄島南部の糸満は古くから漁業が盛んな海人《うみんちゅ》の地。ここの漁民はミーカガンと呼ばれる水中メガネを開発したり、アギヤーと呼ばれる大型追い込み網漁を確立するなど、最先端の漁法を開発してきた。内渡美さんは10代のころ、そんな糸満漁民に散々しごかれながら、海人としてのスキルを身につけた。彼のように与論島の島民が糸満漁民に雇われるケースは多々あったようで、最強の漁師集団でもあった糸満漁民から受け継いだ漁法は与論島、さらには与論漁民を通じて屋久島へも持ち込まれた。

先にも触れたように、与論島から屋久島への移住が本格化したのは戦後のことだ。昭和22年（1947年）から昭和40年（1965年）にかけては22世帯が屋久島に移り住んでいる。

ただし、与論島の人々を乗せた糸満漁民の船は、それ以前から屋久島近海で漁を行い、地元住民と交流を重ねていた。糸満の大城カメに雇われていた内渡美さんもまた、大正年間には屋久島の追い込み漁に関わっていたと思われる。そうした断続的な交流があったからこそ、与論島の漁民たちは勝手知ったる屋久島へと移住したのだ。

「大城カメさんは屋久島だったら中間地区を基地にしていて、親父は最初のころ飯炊きしよったんです。親父は僕に『貞男、中間は俺の第2の故郷だから、何かあったら中間に行けよ』とずいぶん言っていました。だから、僕も中間には知り合いも友達もたくさんいるんですよ」

「内渡美さんが中間に来ていたころは何の漁をやっていたんですか」

「追い込みですね。クロ（メジナ）とかハゲ（ヨソギ）。イサキは少ないんですよ。屋久島の人は臭いといって食べないんですけど、コメジロ（ニザダイ）とか。それを鹿児島へ持っていく。鹿児島の市場は消費というよりも発送の地なんですね。京都に運んで販売しよったんです」

僕にはひとつ気になるポイントがあった。内渡美さんたち若松兄弟は高知や五島列島でも漁を行っていたわけで、移住しようと思ったら現地で世話をしてくれる漁業関係者はいくらでもいたはずだ。それにもかかわらず、彼らはなぜ屋久島の地を移住先に選んだのだろうか？　貞男さんの答えは明白だった。

「屋久島が一番暮らしやすかったんでしょうね。空気もいいし、水もいい。土地もたくさんある。親父は兄弟がいっぱいおって、与論では兄弟と土地を分けなくてはいけない。そこで私ら一家を養うことはできないわけだから、こっちに引っ越してきたんです」

シンプルだけど、実に説得力のある答えだ。60年以上この島で暮らしてきた貞男さんの口から発せられると、なおさら言葉に重みがある。ふと見上げると空には雲ひとつなく、春らしい気持ちのいい風が吹き抜けている。確かに空気もいいし、水もいい。それ以上何を求められるだろうか？

また、豊かな漁場の広がる屋久島は、漁業をやるうえでも条件が良かったと貞男さんは話す。

「鹿児島も近いですから。僕もここで長いこと漁をしましたけど、そのときは船も2隻持っとったんです。自分で取ってきたものをこっちの仲買人に買い殺されて、取ってきてもみんな捌けない。これじゃいけないということで、借金して種子島から船を買ってきて、鹿児島に運ぶようになったんです」

「取った魚は鹿児島のどこに持っていったんですか？」

「山川は中継基地なので、あそこに下ろせば日帰りもできて楽なんですけど、そうすると山川の市場の手数料、山川から市内まで運ぶトラックの輸送料が取られるでしょ。だったら直に行ったり来たりしたほうがいいし、鹿児島で自分の信用もつく。それで鹿児島港まで運んでいました」

「ヨーロン、ヨーロン」と呼ばれて

一方、与論島の島民には移住先を探さなくてはいけない事情があった。

土地が狭く、耕作に適した河川のない与論島は、決して経済的に裕福な島ではなかった。明治19年（1886年）には天然痘が大流行し、1000人以上の死者を出している。明治31年（1898年）夏には巨大台風が島を襲い、4年にわたる大飢饉が襲った。その結果、島民の5分の1が口之津（現在の長崎県南島原市）へと集団移住した。口之津は三井三池炭鉱の石炭積出港として発展した港であり、彼らは口之津からさらに三井三池炭鉱のあった福岡県大牟田市へと移住。ゴンゾウと呼ばれる石炭の船積み人夫として厳しい日々を送ることになる。また、昭和19年（1944年）には与論島から600人以上の島民が満州へと集団入植している。与論島で生まれた人々は、そのように故郷から遠く離れた地で働くことを強いられてきたわけだ。

口之津と大牟田に渡った与論島島民たちは、地元住民からの差別にも耐え抜かなくてはならなかった。『与論島移住史　ユンヌの砂』にはこんな記述がある。

与論島民を待ち受けていた口之津での生活は、自由とか解放とかとはおよそ縁遠いものだった。労働はきびしく、生活はつらく、加えて周囲の人たちから「ヨーロン、ヨーロン」と呼ばれ、朝鮮人とともに差別された。（南日本新聞社・編『与論島移住史　ユンヌの砂』）

貞男さんによると、屋久島でも同じようなことがあったらしい。貞男さんとその家族が屋久島にやってきた当初の話というから、昭和30年代のことである。

「僕なんかもですね、屋久島に来たころは『ヨーロン、ヨーロン』と言われたんですよ、侮辱するような感じで。そんなこともあって、仲間たちで集まると与論の歌を歌っていたんですよ。お互いにがんばろう、今はいじめられているけど、なんとか生きていこうと」

だが、与論からやってきた漁民たちは漁業の技術を持っていた。なかには内渡美さんのように南西諸島最強の糸満漁民から技術を学んだ者もいた。そうなると屋久島の漁民たちも彼らを侮辱している場合ではない。貞男さんも誇らしげに当時のことをこう振り返る。

「海の上、船の上は私たちは得意なんですね。ここ（屋久島）の人は潜りもできない、泳ぎも下手、網作りもできない。そういうこともあって、与論の人たちも力になるなと、だんだんいじめられなくなってきた。トビウオを取っても、僕なんかのほうが断然多かったんですよ。親父も漁の技術があったので、追い込みをしてみたら、バカみたいに取れるんです。屋久島に来てから一気に豊かになりました。人生が変わってしまった」

与論からやってきたのは漁民だけではなかった。屋久島への移住者のなかでは最初期にあたる昭和初期に屋久島へやってきた龍野金中について貞男さんはこう語る。

「龍野金中さんは炭焼きをやってたんですよ。のちに春牧にやってくる龍徳蔵さんもそう。僕も若くて漁も一人前にできなかったころは龍さんのところで炭焼きの木を運んだり、炭を運んだり、そういうことをやってました。

だからね、与論からやってきた人のなかでも海が得意じゃない人もいたんです。屋久島に来てる人はだいたい与論じゃ土地がないし、子供も多いからなんとかならないかとこっちに来る人が多かった」

とても2月とは思えないほど麗かな午後、若松家の軒先にはゆったりとした空気が流れていた。ときたま近所の人がやってきては、貞男さんと何気ない会話を交わしていく。僕の目には、現在の春牧集落において与論からの移住者と屋久島の先住民の間に分断があるようにはとても思えなかった。実際、両者の間に特別な感情があるわけではないだろう。

だが、貞男さんの心の奥には、屋久島島民とは別の「私たちの物語」がしまってあるのだ。そしてそれは与論からやってきたマージナルマンとしての物語でもあった。

そんな貞男さんたちにとって、歌は生活に欠かせないものでもあった。

「僕が若いころ、与論の人たちはみんなで集まると、三味線やギターを持って歌ったんですよ。歌は人生の友だということで、辛いときでも悲しいときでも歌を歌ったんです。好きな女性にかけ歌をして、向こうも『私も好きだよ』と返してきたりね。与論はそういう島なんです」

与論島は琉球文化圏に属していることもあって、歌の文化も完全に沖縄調である。ただし、屋久島同様に境界線上の島だけあって、ヤマト調の歌も混在している。

たとえば、〝与論小唄〟という歌がある。これは先に触れた口之津への移住の際、現地の炭鉱夫の間で歌われていたはやり唄〝ラッパ節〟を与論からの移住者が覚え、それを島に持ち帰ったことに端を発している。その歌はやがて〝与論小唄〟という与論島ヴァージョンの歌として親しまれることになる。この〝与論小唄〟は沖縄に持ち込まれて〝ジュリグヮー小唄〟という歌になり、70年代に入ると与那国島出身の本竹祐助が補作詞して〝十九の春〟というタイトルがつけられた。その後、昭和を代表する歌手のひとりである田端義夫が歌ったことで全国的に知られるようになった。

貞男さんは屋久島へやってきた当初のことをこのように回想する。

「正月には公民館にみんなで集まって、三味線や太鼓を演奏して踊ったり、歌を歌ったんです。でも、（与論からやってきて）3代目・4代目になると、そういうことに興味がなくなってくる」

「貞男さんも歌われるんですか？」

「与論の歌はたまに歌ったりするんですよ。酒のせいで奥さんも子供も失った、という歌です。敬老会なんかでよく1代目が歌っていました。歌の名前はわからないですね」

『与論島移住史 ユンヌの砂』にはおもしろいことが書いてある。奄美群島には山島と平島という2種類があり、地形の違いが島民性にも影響しているというのだ。奄美大島や徳之島のように山が高い山島の場合、集落は分断されていて、各集落は孤立的である。かたや喜界島や沖永良部島、与論島のように山のない平島では、島内を気軽に行き来できるため各集落間の交流が生まれる。実際、平島である与論島は島内でのまとまりがあるという。

そういえば、奄美大島は集落ごとに異なる島唄の文化が息づいているが、それは集落ごとに分断された山島ならではのものなのだろう。故郷の歌を共に歌い、共に懐かしむ屋久島の与論系島民の光景には、集落間の交流が盛んな平島ならではの性質が反映されているのかもしれない。

ちなみに屋久島はというと、当然のことながら山島に分類される。実際、与論島に比べれば集落は分断されているし、屋久島に島全体を代表する芸能や歌がないのは、集落間の交流がさほどなかったことが影響している。そんな土地に移ってきた与論からの移住者は、故郷との違いに戸惑ったことだろう。だからこそ彼らは厳しい暮らしの合間に集っては、遠き故郷の歌を歌い合って互いを鼓舞してきたのだ。

なお、与論からの移住者と〝まつばんだ〟は直接的な関係はないと思われる。これは断言することができるだろう。取材を始めた当初は与論系島民が島に琉球音階を持ち込んだのではないか?と考えていたものの、与論からの移住が本格化したのは戦後。明治元年生まれの酒匂シゲさんの〝まつばんだ〟に琉球音階が混ざっていた説明にはならない。

ただし、与論島と屋久島を行き来していた内渡美さんたちもまた、ヤマトと琉球の文化が入り混じった領域で生きるマージナルマンだった。彼らもまた〝まつばんだ〟を育んだ風土に生き、息子である貞男さんたちもその風土に生きてきたわけだ。

「子供のころ〝まつばんだ〟を聴いた記憶はありますか?」──そんな問いに対しても、貞男さんの答えは淀みがなかった。

「まったく聴いたことがない。僕は与論出身だから、三味線の音を聞くとどきどきするんですよ。踊りたくなる。そういう感じがないですね、〝まつばんだ〟には」

島を離れて60年以上。今もなお、貞男さんの心の中には与論島のメロディーが流れているのだ。

取材が終わり、別れ際に貞男さんが言ったこの言葉が強く印象に残っている。

「最近はそんなに景気もよくないけど、やっぱり屋久島はいい島ですよ。私はそう思います。与論にもまったく帰ってないですし」

そのしみじみとした口調には、嘘偽りのない実感がこもっていた。

屋久島南部にやってきた琉球の漁民たち

さらに多くの海の話を聞きたいと思っていたところ、国本さんが栗生集落の区長代理の方にコンタクトを取ってくれた。栗生は島南西部の集落で、その先にはシカとサルたちの住む西部林道の深い世界が広がっている。つまり、栗生という集落は、人の住む世界とそれ以外のモノたちが住む世界の境界線に位置しているわけだ。

区長代理の方と約束をしたのは朝9時。国本さんが淹れてくれた濃いコーヒーで目を覚まし、アナンダ・チレッジを出発した。国本さんの運転する車は宿のある平内集落から時計回りに進んでいく。平内から湯泊、中間、そして栗生へ。屋久島という場所は、ほんの少し車を走らせるだけで天候が大きく変わることがあるけれど、この日もまさにそんな天候だった。平内では少し風が強い程度だったものの、走るほどにみるみる風が強くなっていく。岸壁に白波が荒々しく打ちつける光景は、北部の港町で見たものにも近い。

平内から車で20分ほど。辿り着いた栗生の地には、冷たい雨がしとしとと降り注いでいた。海から吹き抜ける突風がとにかく寒い。穏やかな平内とはまるで別世界だ。

現在の光景からは想像しにくいけれど、栗生はかつて屋久島有数の漁港だった。日本各地の漁船が寄港し、カツオの漁労基地として大変な賑わいを見せたという。

屋久島のカツオ漁がいつから始まったのか、はっきりとしたことはわからない。ただし、享保年間（1716～1736年）の検地帳（検地の結果を村単位で集計し、取りまとめた帳簿）には各集落のカツオ網所有者の記載があり、少なくともこのころには栗生など南部の港を中心にカツオ漁が行われていたようだ。『屋久町郷土誌』では、宝永年間（1704～1711年）の少し前の時代にカツオの漁法が屋久島に伝わったのではないかと推測している。

また、屋久島のかつお節は「かつお節界の大関」だった。これは決して比喩ではない。文政5年（1822年）に発表されたかつお節の全国人気ランキング「諸国鰹節番付表」において、屋久島のかつお節「屋久島節（番付表上の表記は役島節）」は西の大関の位置につけているのだ。この番付表には横綱がないので、実質西のチャンピオンである。

文化5年（1808年）に屋久島で創業し、現在は神奈川県藤沢市で削り節の加工・販売を行っている鰹節問屋・丸眞のウェブサイトでは、屋久島が上質なかつお節の生産地だった理由をふたつ挙げている。

ひとつは屋久島近海がモルジブあたりから流れてくる黒潮の本流がぶつかる、優れた漁場だったこと。もうひとつは、屋久島が湿度が高くて雨量が多いうえに、ひとたび雨雲が消え去ると南国の強烈な日差しが差し込むという、かつお節作りに適した気候だったこと。湿度が高いということは良性のカビが発生しやすく、日差しが強いということは天日干しに適した気候でもある。そうした好条件が揃い、屋久島のかつお節は「かつお節界の大関」の座を獲得することになったのだ。

18世紀末は江戸を中心にかつお節のニーズが高まり、消費量も上昇した。そうした背景のもと、栗生や一湊はカツオ漁で多いに活気づいた。屋久島のカツオ漁が最盛期を迎えたのは江戸時代後期とされている。

だが、明治に入ると、九州からやってきた漁船が屋久島近海で操業を始めたこともあってカツオの漁獲量が減少。大正初期、屋久島でも動力船が導入されるようになると、カツオを追いかけて八重山諸島まで出漁した。やがて屋久島の漁業の中心はカツオからサバやトビウオへ。「西の大関」だった屋久島節は今では幻の逸品となってしまった。

では、屋久島を象徴する魚であるトビウオの漁はいつごろから始まったのだろうか。意外なことにかつての屋久島でトビウオは「地獄の魚」「毒魚」と呼ばれ、島民の間でも食べる習慣はなかったらしい。トビウオの独特のヴィジュアルもあるのだろうが、金になるカツオがいくらでも取れていた時代、わざわざ毒魚を食べる必要もなかったのだろう。だが、誰の発案かは不明だが、天明3年（1783年）ごろからトビウオ漁が始まり、やがて島民の生活と胃袋を支えることになった。

現在、屋久島はトビウオの漁獲量日本一を誇る。中心は安房港。安房では戦後になってトビウオのロープ曳き漁が始まったが、この漁法を屋久島に持ち込んだのが、先に触れた与論島からの移住者たちだった。

屋久島南部はまた、琉球へと続く南方世界への玄関口でもあった。栗生や中間、麦生といった南部の集落は琉球からやってきた漁民との接触も多く、複数の調査資料に証言が残されている。

社会学者の石原昌家は、大正5、6年ごろ、クリ舟でふたりの糸満人がやってきたという中間集落の古老の証言を取り上げている。「糸満人」とは糸満出身の海人のことで、古老は糸満人が家にやってきたときのことをこう回想している。

かれの父が、手真似で話しながら二人を家に連れてきた。同じ海人ということで気があったのであろう。二人は、海ヘビをとりにきたのである。中間海岸の沖合にナルセという瀬があり、そこで海ヘビが沢山とれた。屋久島では海ヘビを食べる習慣はなかった。糸満人は、かれの家に宿泊して、大きな竹籠一杯に海ヘビを生きたまま1週間から10日ほど入れておいた。それから大きな鍋にお湯を沸騰させ、それに生きたまま入れて殺し、杖のように伸ばして乾燥させていった。その海ヘビは薬になるのだと聞かされていた。(石原昌家「屋久島における糸満系漁民の生活史」)

ここでいう海ヘビとは、南西諸島一帯に生息するエラブウミヘビのことである。沖縄ではイラブーと呼ばれて食されてきたのでご存じの方も多いはずだ。『屋久町民民俗文化財調査報告書3 屋久町の民俗II』によると、屋久島でも栗生と中間の一部の家庭ではエラブウミヘビ(報告書内では「エラブウナギ」)を食べる習慣があり、栗生では婦人薬の材料として鹿児島に出荷していたのだという。

こうした食習慣は屋久島でも栗生と中間という南部の集落、それも一部の家庭だけに根づいていたようだ。先の中間集落の古老の家庭でも海ヘビを輪切りにして味噌汁に入れていたそうで、こうした屋久島南部の食習慣は、ひょっとしたら沖縄からやってきた漁民との接触によってもたらされたものなのかもしれない。

海ヘビを追いかけて屋久島までやってきたのは糸満の漁民だけではなかった。なかには久高島から渡ってきた漁民もいたそうで、彼らは屋久島のみならず、八重山諸島まで遠征することもあった。久高漁民は海ヘビを追いかけて北へ南へと船を走らせていたのだ。

先の論考では、湯泊集落の古老の証言も掲載されている。古老の話によると、大正12、13年ごろ、10トンの本船が6隻のサバニを引っ張って糸満からやってきたという。彼らは5月からの1か月、湯泊の浜に仮小屋を建て、追い込み漁をやったと証言している。湯泊集落では昭和4、5年まで同じような追い込み漁が糸満漁民によって行われていたが、彼らはその後中間へと本拠地を移したと伝えられている。

ここで挙げられている証言は大正年間のものだが、このように沖縄の漁民たちが屋久島にやってきて漁を行うケースはそれ以前からあったと思われる。沖縄では古くからイラブーを食べる習慣があり、高級食材として高値で取引されていたわけで、そんな高級食材を追いかけて屋久島へとやってくる琉球の漁民が明治以前からいてもまったく不思議ではないだろう。

ここで気になるのが、当時、沖縄からやってきた漁民と屋久島の島民たちがどのような関係を結んでいたのかという点だ。普通に考えれば、目の前の浜で見ず知らずの漁民が魚や海ヘビを好き勝手に捕獲していたら、喧嘩になってもおかしくない。だが、石原昌家の論文には湯泊集落の事例がこのように綴られている。

いきなり余所者が生活の場を荒らす形になっても、当時、地元住民とはなんらトラブルも発生しなかった。地元漁師は、とった魚を部落内かその周辺で処分することしかできなかったので、大量の魚を必要としなかったのである。（石原昌家「屋久島における糸満系漁民の生活史」）

石原によると、糸満人が追い込んで集めた魚を地元の漁師がおすそ分け的にモリで突くこともあったそうだし、魚を交換したり、山分けをすることさえあったという。マージナルマン同士の交流を伝える、実に大らかな話である。もちろん他の集落では喧嘩沙汰になったこともあっただろうし、記録に残せないような事件もあったかもしれないが、少なくとも湯泊集落では沖縄と屋久島の漁民は友好的な関係を結んでいたのだ。

湯泊集落に伝わる「湯泊の笠踊り」は、そうした友好関係を窺わせる芸能だ。現地でこの笠踊りは、江戸時代末期から明治時代初期、湯泊海岸に漂着した糸満人が教えたものと伝えられている。なかには安政3年（1856年）に糸満人が伝えたと具体的な年を記載している資料もある。

こうした交流は湯泊集落に限ったものではなかったのではないか。湯泊の隣の集落である中間、そして南部最大の漁港であった栗生にもそうした交流の痕跡が残っているのではないだろうか。僕はそんな思惑もあって、栗生集落の海民たちに取材を申し込んだのだった。

トビウオで海が埋め尽くされた時代

待ち合わせの場所として指定された栗生生活館では、栗生区長代理の岩川明さんが僕らの到着を待っていた。

岩川明さんは昭和19年（1944年）の生まれ。熊本県熊本市と鹿児島県姶良郡で幼少時代を過ごし、父が土木関係の仕事をしていたことから一家で屋久島へと移住した。そのとき岩川さんは中学3年生だった。

岩川さんの生い立ちを伺っていると、上山憲久さんがやってきた。上山さんは昭和26年（1951年）生まれの元漁師。現在は栗生船主会の会長を務めている。

少し遅れてやってきたのは、昭和24年（1949年）生まれの岩山照視さん。漁師ではないものの、若いころから栗生集落で中心的な役割を果たしてきただけあって、栗生の昔の暮らしについても詳しい。

3人で何やら話しているが、会話の内容がまったく聞き取れない。これはピンチである。今までは麗さんが通訳をやってくれたけれど、今回は自力でなんとかしなくてはならない。こういうときにこそインタヴュアーとしての力量が問われるわけで、僕は気合いを入れ直した。


まずは上山さんに栗生の漁業について話を伺ってみよう。

「栗生の漁業の中心は何なのでしょうか？」

「アカバラ（カンパチ）ですかね。あとはチビキ。今はタルメ（メダイ）のシーズンですね。夜釣りするんですよ」

「タルメはどのあたりで釣るんですか」

「夜タルメはこの近く。他の魚のときは近場もあるし、泊まり込みでトカラ列島のほうまで行ったり」

「上山さんが漁業に関わって以降、一番船が多かったのはいつぐらいですか？」

「えっと……」

上山さんはまさに海の男といった雰囲気を漂わせている。決して饒舌ではないけれど、一言一言に重みがあり、余計なことは喋らない。僕が矢継ぎ早に質問を投げかけると、少し面食らってしまったのか、口をつぐんでしまった。

そこに岩川さんが助け舟を出してくれた。岩川さんはどうやら郷土史家の一面もあるようで、個人的に栗生の歴史を調査しているという。

「あのですね、僕が調べた範囲のなかでは、昭和30年（１９５５年）ごろまでは栗生でもトビウオ漁が盛んだったんです。当時は栗生・中間の両集落で１００隻近い船があったようです。今の港の工事が始まったのは昭和39年（１９６４年）。昭和54年（１９７９年）ごろには今のような形になりました。それから漁法も変わってきて、一本釣りでアカバラやタルメを釣るようになった。よその集落ではあまり取らないけど、栗生と中間はハガツオを取る。ハガツオはカツオとも違うんですよ」

ハガツオは静岡県より西の太平洋沿岸で取れるサバ科の魚で、地域によってはキツネガツオとも呼ぶ。東京在住の僕はその存在すら知らなかったが、比較的漁獲量が少ないため、産地以外ではあまり流通しないらしい。岩川さんの話を受け、上山さんは「ハガツオがないと正月がこないという部落ですからね、ここは」と続ける。そして、岩川さんはハガツオの美味しさをこう語るのである。

「僕がここにきたころは冷蔵庫がなかったので、夕方釣れたハガツオを軒下に吊るして、それを翌日刺身で食べるんです。最高なんですよ、今でも覚えています」

ついさっきアナンダ・チレッジで朝食を食べたばかりだというのに、早くもお腹が空いてきてしまった。上山さんがさらに畳み掛ける。

「ハガツオもいいけど、ホタ（アオダイ）が美味しいね。ホタでもトカラで釣れるものと、このへんで釣れるものは味が全然違う。小さいけど、甘味があって。場所によって全然違うね」

上山さんによると、潮の流れによって魚の味は大きく変わるという。南方から黒潮が流れ込む屋久島南部の沖合は最高の漁場であるとよく言われるが、ハガツオもホタも黒潮に揉まれることで旨みが増す。


現在、栗生ではトビウオ漁は行われていないが、3人が子供のころは栗生でもトビウオで海が埋め尽くされていたという。岩川さんは当時のことをこう回想する。

「トビウオが集まるときは海が濁るんです。産卵のため、海が真っ白になる。その情報が流れると、屋久島中の漁師が集まるんですね。私たち中学生も授業を抜けて手伝いをしたもんです」

そうしたトビウオ・バブルは、ある時期で弾けてしまったという。それまで岩川さんと上山さんに解説を任せていた岩山さんは、その理由を「潮の流れが変わって、それで取れなくなった」と分析する。長年漁師として生きてきた上山さんもこう持論を述べる。

「夜明けのトビウオ漁というのは、まず山の影が海に映り込んで暗くなるわけ。トビウオはだいたいそこで産卵する。今は木を切って影がなくなっているわけよ。だからトビウオが産卵する場所がなくなってしまった」

岩川さんもこう続ける。

「屋久島には林業がものすごく発達した時代があったんですよ。そのころ、緑がなくなったからトビウオが浅瀬に寄りつかなくなったという話はよく聞きました」

先ほどの岩川さんの話によると、栗生でも昭和30年ごろまではトビウオ漁が行われていたが、それ以降急激にトビウオが取れなくなったという。昭和30年というのは高度経済成長期の始まりの時期であって、屋久島の森の伐採が急ピッチで進んだ時期でもある。

ジャーナリストである日高旺の著書『黒潮のフォークロア』には上山さんと岩川さんの話を裏づける逸話が綴られている。いわく、かつての栗生には松の原生林があり、その木陰がトビウオの住処となっていた。海沿いに5、6キロもそうした住処が広がっていたが、松林が伐採された途端、栗生の浅瀬にトビウオが寄りつかなくなった――『黒潮のフォークロア』にはそう綴られている。

また、GPSなどない時代から、漁師たちは陸の目標物から漁場の位置を探り当てた。山の稜線、樹木、建造物。目標物から漁場を決めることを山当てと呼ぶが、浜の樹木が伐採されれば山当てもできなくなってしまう。

そのように屋久島の海と山は繫がっていたのだ。いや、屋久島に限らず、すべての海と山は繫がっているといってもいいだろう。

強く冷たい潮風がガラス窓を激しく叩いている。栗生生活館の一室は屋内といえども寒く、僕はダウンジャケットを着たまま会話を続けていた。身体は冷え切っていたけれど、岩川さんたちの生々しい話に心の内は熱くなっていた。

栗生の漁業に関する話がひと段落し、続いて栗生の伝統行事についてトピックは移り変わっていく。なにせすぐ近くの湯泊集落には沖縄からの影響を残す笠踊りが継承されているのだ。もしかしたら一般的には知られていない沖縄由来の芸能が伝わっているかもしれない。

だが、3人の答えは「笠踊りのような踊りは伝わっていない」というものだった。盆踊りは行われているものの、〝炭坑節〟〝鹿児島おはら節〟などで踊る九州では一般的なスタイルだという。岩山さんはこう話す。

「(踊りは) 子供のころもなかったね。あとは1月7日の鬼火焚き、15日に柿なれをやる。1月15日は鏡開きで、2月25日は浜下り」

「柿なれっていうのはどういうものですか?」

「保育園の子供たちが集落を回って、柿の木を叩くの。柿なれなれよ、ならんときゃきたえてほいたおせ！と歌いながらね」

柿なれとはタブの木の刀で集落の柿の木を叩いて回るという豊作祈願の行事。叩くのは子供たちの仕事だ。一度途絶えたそうだが、近年になって復活した。

「(資料を見ながら) トビウオ祭りとは?」

上山さんはこう話す。

「5月2日にやってるけど、今年は中止。神主にお祓いをしてもらって、あとはこれ (酒を飲む)」

「トビウオが取れるようにと、祈願するわけですか?」

「トビウオだけじゃないけどね。昔は1月だったけど、寒いから5月になった。トビウオ漁から帰ってくれれば、エビス様のところにトビウオを放り投げて。そうやって神様に大漁をお願いした」

屋久島の一部の集落ではトビウオ招きと呼ばれる儀式が行われてきた。女性たちが浜で歌を歌いながらトビウオの豊漁を祈願するというもので、台湾東南にある離島、蘭嶼《らんしょ》でもパヌスブというトビウオ招きに似た儀礼が行われている。こちらでは男たちが豚や鶏の血を浜の岩に塗って豊漁を願うそうで、女性たちによって執り行われる屋久島のトビウオ招きとは異なる。下野さんはその違いについて、興味深い指摘をしている。

永田では、トビウオ招きは必ず女性によって行われる。それは女性の巫的性格のゆえであろう。

屋久島は、ヤマト文化圏に属し、一応、男性中心の社会であるけれども、基層においては琉球文化圏の女性優位社会に連なっていることを示している。(下野敏見『トビウオ招き　種子島・屋久島・奄美諸島トカラ列島の民俗』)

トビウオ招きもまた、ヤマト文化圏と琉球文化圏の境界線上に位置する屋久島ならではの儀礼なのだ。栗生のトビウオ祭りはとりたてて琉球色の濃い儀礼というわけではないが、それでも台湾から続く黒潮の海洋文化圏に栗生も属していることを実感させられる。

琉球人がもたらしたジュクジン網

ところで、僕らが栗生にやってきたのは、〝まつばんだ〟の背景を知るのが最大の目的である。満を持してこんな質問を投げかけた。

「みなさんは幼少時代、自分の両親や祖父母が〝まつばんだ〟を歌っている場面に居合わせたことはありますか?」

漁や地元の伝統行事について淀みなく語っていた3人の表情が突然曇った。岩川さんの答えは予想通りのものだった。

「いや、ないです。〝まつばんだ〟を知ってる人自体少なかったですからね」

「昔は歌える人がいたんでしょうか」

「うーん、いなかったと思いますよ」

これが屋久島の現実なのだ。杉本信夫さんの論文のなかでは、昭和55年（1980年）に屋久島で民謡調査が行われた際、栗生に住む92歳の老婆が「昔、ここにも同じの（〝まつばんだ〟）があったよ、踊りもついていたよ」と証言したと記されている。昭和55年の段階で92歳ということは、明治21年（1888年）前後の生まれだろうか。今回お話を伺った3人の祖母の世代にあたるわけで、やはり栗生でも明治生まれの世代で〝まつばんだ〟は途絶えていた。自分のことを考えてみても、祖母が子供のころに歌っていた歌など何ひとつ知らないし、そんな話を生前の祖母とした記憶すらない。岩川さんたちが〝まつばんだ〟を知らなくても無理のない話だ。

もうひとつ、僕には気になる歌があった。かつて栗生で歌われていたという〝ちんだら節〟のことだ。以前、江草さん夫妻が栗生で歌探しをした際、この歌を歌っていたという高齢者の証言を得ている。この〝ちんだら節〟、八重山諸島の古謡をルーツとする〝安里屋ユンタ〟の奄美大島ヴァージョンなのだ。

そのことを問いかけると、岩山さんはこう答えた。

「あれか、（〝安里屋ユンタ〟の囃子を歌い）『チンダラカヌシャマヨ』」

「そうです、そうです！」

「替え歌では歌うよ、馬鹿げた替え歌で」

岩山さんの答えはあっさりしたものだったが、ひとまず〝ちんだら節〟が栗生で歌われていたという裏づけは取れた。ただ、〝ちんだら節〟が屋久島に入ってきたのは1930年代以降のことであって、〝まつばんだ〟が現役で歌われていたのはその遥か前のこと。もっともっと古い南方との交流の痕跡を僕は知りたいのだ。僕はダメモトでこんな質問を上山さんに投げかけてみた。

「上山さんにお聞きしたいんですけど、古い資料を読んでいると、栗生や中間ではジュクジン網という漁法があったと書いてあったんです。何かご存じないでしょうか？」

ジュクジンとは琉球人のこと。そして、屋久島南部では琉球から伝わったジュクジン網という漁法が行われていたというのだ。石原昌家はこのように論じている。

また、追い込み漁法に接する以前から、屋久島の麦生、中間、栗生部落では琉球王府時代に琉球から伝わったとされるジュクジン網と称する追い掛け網漁法で漁を営んでいた。それは、タテ網に2隻の舟から魚に石を投げて追い込んでいく方法で、現在でも70メートルくらいの網を下ろし、3〜4人乗った舟で魚を追い込んでとっている。ジュクジンという言葉もリュウキュウジンがなまったものだと推測し、沖縄に対して親近感を抱いているのである。(石原昌家「屋久島における糸満系漁民の生活史」)

リュウキュウジンが訛ってジュクジン。さらには彼らが伝えた漁法だからジュクジン網。伝えられたのはそうとう前の話であって、昭和どころの話ではない。「ジュクジン網？　知らんね」――そんな答えを予想していると、上山さんはあっさりとこう話し出したのである。

「ジュクジン網？　追い込み網のことやな。網を張っておって、ロープに石をぶらさげて、泳ぎながら周りから叩いて魚を追い込んでいく。トビウオじゃなくて、どんな魚でも入る。ブダイとか」

「それをジュクジン網と呼んでいたんですか？」

「うん、昔やっとった。もう大昔」

思わず拍子抜けしてしまうほど、上山さんはジュクジン網のことをスラスラと語り出した。岩山さんもこう続ける。

「若いころはやってた。今でもしようと思ったらできるけど。ただ、あれにかかった魚が美味しくないもん（笑）」

岩川さんが岩山さんの言葉をこう解説する。

「ジュクジン網で取れるのは沿岸にいる近海魚ですよね。トビウオやカツオみたいに潮に乗った魚とは違うんですよ。ブダイなんかも栗生の人たちはあんまり食べないんです。普段ハガツオみたいに上品な魚を食べているので」

「ジュクジン網は他の集落でもやってたんですか？」

「どこでもしよったんじゃないですか」という岩川さんの言葉に対し、上山さんは「我々が知ってる限りでは中間だね」と続ける。ジュクジン網に関する具体的な証言が次々に飛び出して僕は拍子抜けしてしまった。最初からジュクジン網の話を聞いておけばよかった！

上山さんによると、ジュクジンとは沖縄を中心とする南西諸島の幅広い範囲で取れるウミヒゴイ属の魚、オジサンの屋久島での呼び名でもあるらしい。下あごに2本のひげが伸びているのがオジサンの特徴で、岩川さんによると、ジュクジンと呼ぶのは栗生集落の習慣であり、中間はオトナと呼ぶという。上山さんによると、「ヤクバイン（役場員）と呼ぶ人もいた」とか。確かに役場の片隅で黙々と事務作業をやっていそうなルックスをした魚ではあるが、なかなかおもしろいネーミングセンスだ。

ジュクジン網がそのまま琉球から持ち込まれたものかどうかはわからない。ただし、そこに琉球人との何らかの接触があったことは間違いないだろう。おそらく岩川さんたちもそのことを知らないはずだが、伝統とはそういうものなのかもしれない。〝まつばんだ〟にしたってかつてその歌を歌っていた人々は、琉球音階も何も知らないまま歌い継ぎ、それがやがて地域の伝統となっていったのだ。

ようやくほんのわずかの琉球の名残りを掴むことができた。「栗生に来てよかった」という充実感が心のうちに広がっていった。

もうひとつ、3人は栗生に伝わるとある伝承について教えてくれた。「ピーコドンドン」というこれまた奇妙な名前の伝承である。岩川さんはこう話す。

「栗生岳の神様が年に一度、琉球に渡るとき、笛と太鼓が鳴り響くとおじいさんから聞いたことがあります。随分昔、20代のころだと思います」

「えっ、琉球に渡るんですか？」

「そうです、そこの塚崎から」

塚崎とは栗生の集落から突き出した岬の先端の地名で、潮が引くとそこには潮だまり（タイドプール）が現れることから、子供たちの格好の遊び場となっている。

栗生岳と栗生の集落を繋ぐ栗生歩道をそのまま海へ向かって進むと、塚崎に辿り着く。そのため、栗生岳の神様が塚崎から飛び立つというイメージは確かにわかりやすいが、その先に想定されているのが琉球だったとは。栗生に住む人々の間では古くから異郷として琉球の存在が意識されていたということなのだろう。しかも琉球に渡るときに笛と太鼓が「ピーコドンドン」と奏でられていたというのも実におもしろい。岩山さんは「もちろん本当か嘘かは知らんよ（笑）」と笑うが、そんな伝承からも琉球に対する栗生の人々の深層心理が浮かび上がってくる。

岩川さんたちとの会話を終え、僕らは強風吹き荒れる共同墓地へと向かった。潮風に晒されながら立ち並ぶ無数の墓石のなかには、黄色く色づいたものも多い。これは薩摩半島南端の指宿市でしか取れない山川石の特徴だ。下野敏見さんによると「屋久島の墓地は、薩摩山川で産出する山川石の墓石のない所はない」（『南九州の伝統文化　第1巻　祭礼と芸能、歴史』）そうで、なかには300年ほど前の年号が刻み込まれた墓石もあるらしい。薩摩半島の山川港と屋久島の間の交流はそれほど前から盛んだったわけだ。

手を合わせながらひとつひとつの墓石を見ていくと、大正・明治のものが多い。古いものもちらほら見かけるが、風化が進んでいて年代を読みとることはできない。そのなかには中国と交易をしていたことを物語る唐通事（通訳業）の墓もあるぐらいだから、ここには琉球の血を引く人も眠っているのかもしれない。岩川さんも「ここの港は沖縄との繋がりがあったので、そういう方がいてもおかしくはないですよね」と話す。だが、古文書が残っていない栗生にはそのことを裏づけるものがない。山川石の墓跡は、名もなきマージナルマンの物語を現代に伝える貴重な文化財でもあるのだ。

栗生での取材を終え、僕らは次の要件のため、宮之浦集落へと向かった。栗生はまだまだ突風が吹き抜ける荒々しい天候だったが、平内を通過するころには先ほどまで吹きつけていた突風もすっかり大人しくなり、穏やかな陽光が通りを照らし出している。わずか数十分前まで目の前に広がっていた栗生の荒々しい光景が遥か遠い異国のもののように感じられた。

島の南西部に位置する栗生や平内から見ると、北東部の宮之浦は島の反対側に位置する。そのため、それなりにスピードを上げても車で1時間以上はかかってしまう。

ようやく宮之浦に到着すると、僕らは午後の要件を済ます前に、宮之浦のスーパー「ヤクデン」に寄った。駐車場からは宮之浦港を一望することができ、その先には屋久島北方の大海原が広がっている。国本さんは買い物を済ませると、荷物を後部座席に積みながらこう言う。

「そういえば、ここから開聞岳が見えたことがあるんですよ。いつも見えるわけじゃないけど、天気が良かったんでしょうね」

そういえば、開聞岳の山頂から屋久島や種子島、硫黄島が見えるという話を聞いたことがある。開聞岳から見えるのだから、屋久島から向こう側が見えてもおかしくはない。屋久島の人々は水平線の彼方に浮かび上がる開聞岳の山影を日常的に見てきたわけで、開聞岳とその麓に広がる地に対して親しみを持っていたに違いない。

開聞岳の麓には地元の人々が「まつばんだ」と呼ぶ松原田集落があり、その近くには琉球からの使節が崇拝した枚聞神社があった。山川港へ行けば琉球人のコミュニティーが広がっていた。

北方にそうした開聞岳〜山川港を感じながら、南方を向けばトカラ列島から奄美〜沖縄へと繋がる南西諸島の世界が広がっている。屋久島の地は、まさに海の交差点に位置する場所でもあったのだ。

僕はひとり、スーパーの駐車場でそのことを実感していた。屋久島はやっぱりおもしろいところだ。「大石さん、どうしました?」——国本さんの声で現実に引き戻されると、僕らは次の取材現場へと向かった。

第5章

山から延びる「歌の道」

不思議体験の宝庫

2度目の屋久島取材は順調だった。誰かに取材するたびに想定外の証言が飛び出し、〝まつばんだ〟を覆っていた霧が少しずつ晴れていくような気がした。これはもちろんインタヴュアーとしての僕の力などではなく、取材をセッティングしてくれた麗さんと国本さんのおかげだ。基本的に単独ないしはフォトグラファーである妻とふたりで動くことの多い僕にとっては、国本さんと麗さんという3人のチームで動くこと自体も新鮮だった。

僕の場合、普段の取材では一切合切を自分でやってしまうことも少なくない。役場に電話し、地域の風習や伝承に詳しい方を紹介してもらい、その方を通して次に取材する相手やトピックを探っていく。そうやって手探りの状態から少しずつ取材を重ねていくのだ。それはそれで大変ではあるものの、インターネットにも上がっていない貴重な証言にたったひとりで辿り着いたときの興奮は何物にも変えられないものがある。

対して今回は、麗さんと国本さんのおかげで僕の知らない間に次々と取材が決まっていく。それも島の外に住む僕では辿り着くことさえできなかったであろう証言者から貴重な逸話をたっぷり聞けるのだ。島内事情を知り尽くした麗さん、島の外部と内部の繋ぎ役である国本さん、そして手に入るかぎりの資料と好奇心を持って島の外からやってきた僕。そうした3人の組み合わせもよかったのかもしれない。

その一方で、気がかりなこともあった。麗さんから聞いた詣所での不思議な体験とはいったい何だったのだろうか？　頭の中では相変わらずもやもやしたものが渦巻いていた。たくさんの資料を掘り起こし、島の人々からいくら話を聞いても、あの体験談が何を意味しているのかわからなくなるばかりだった。順調に取材が進んでいることを喜びながらも、山中に棲む何かに自分たちの動きを監視されているような、なんともいえない違和感を拭えないでいた。

山中で神秘体験をしたという話は、屋久島に限らずさまざまな場所でよく聞く。何かを見た。何かを聞いた。命の危険に晒されるような極限状態ばかりではなく、いつものように出かけた山中の畑で奇妙な体験をしたという話を聞いたこともある。

屋久島はそうした不思議体験の宝庫だ。島民が語った体験談の一部は、これまでに数冊が刊行されている屋久島の民話集に収められているが、これがまた興味深いエピソードばかり。ひとつ重要なのは、多くの場合、そうした体験談の舞台として広大な山の世界が選ばれているという点だ。

ここまでに何度も触れてきたように、屋久島という島の地形は特徴的だ。集落は海岸線沿いに点在していて、集落から中心部に向かってほんのわずかでも車を走らせると、すぐさま山の世界に到達する。山の世界と人の住む里の世界ははっきりと分かれていて、その中間領域に存在するのが3岳（宮之浦岳、永田岳、栗生岳）の神を遥拝する詣所。山中が女人禁制だった時代、女性や子供たちはここから山の神に手を合わせた。

島民たちは山々のなかでも集落から見える山のことを前岳と呼び、さらに奥地にそびえ立つ山のことを奥岳と呼んだ。前岳は集落の暮らしをじっと見守るような親しみやすさがあるが、奥岳は得体のしれないものが棲む異界という感じがする。

前岳は集落と奥岳の狭間に広がる境界線上の領域と捉えることもできる。『屋久町郷土誌 第四巻 自然・歴史・民俗』によると、「人々の住む世界」と「人以外のものが棲む世界」の中間領域というわけだ。つまり、そんな前岳は「民話の宝庫」でもあるのだという。

奥岳と村里との境にある前岳は、民話の宝庫である。このことは、霊界の奥岳の神秘性がちょっぴり俗界である人間界に顔を出した感じで、その舞台が前岳ということになる。前岳はまさに聖俗両界の接点である。(『屋久町郷土誌 第四巻 自然・歴史・民俗』)

そういえば、麗さんはわりとカジュアルに屋久島の不思議体験を話す。初めて会ったときがそうだったように、まるで昨日会った友達の話をするかのように島の不思議な体験を話すのだ。たとえば、こんな調子で。

「屋久島ではわりと多くの人が科学では説明できないような体験をしてるんです。私の家の近くに住むおじちゃんも何度か体験してるみたいで、あるときは山の中で切り株の上に蓑が置いてあったというんですよ。しかも時代的に絶対残っているはずのない古い蓑が、綺麗なままで。驚いて手に取ろうとしたら、灰になったという話を教えてくれました」

そんな話を小さなころから聞かされていた麗さんにとって、山の世界とは「なんとなく足が向かない場所だった」という。子供のころから集落の年長者を通じて山とのつき合い方を学んできたせいか、彼女自身、山に入ることに少なからず抵抗があるというのだ。彼女にとって山の世界とは、前岳だろうと奥岳だろうと畏怖の対象である。そして、そうした感覚は麗さんに限らず、屋久島で育った多くの人々の心の内に共有されている。

山の世界に対するそうした畏怖の念が象徴的に現れた例、それが山姫伝承だ。

山姫とは山中に潜む妖怪の一種。聞くところによるとたいそうな美人だそうだが、山姫はにやりと笑顔を見せたかと思うと、人の首筋に噛みついて血を吸い出してしまうのだという。万が一出会ってしまった場合は、サカキやシャクナゲの枝を振りながら逃げろ、とも言われている。

下野敏見さんは永田集落に住む90歳の古老から山姫に関する昔話を聞き出している。

昔、婆さん達から聞いた話。

屋久島の山は、山が深いから、山姫というもんがおる。それで、あまり深山に入るな、と。

山姫は、きれいな女で、洗い髪を後ろへ束ねて下げている。そして十二単衣の緋《ひ》の袴をはいて現れる。

山姫は、正面から顔は見せないで、後ろ向きに見せる。そして横に首を振って横顔を見せる。その時、笑う。それにつりこまれて笑うと血を吸われる。その人は里に帰れない。笑わずににらみつけておれば、やがて去っていく。（下野敏見『鹿児島ふるさとの昔話2』）

こうした山姫伝承は全国各地に伝わるが、なかでも九州一帯が多いとされている。山に住む女性の妖怪というと日本神話に出てくる山の神の娘、木花咲耶姫《このはなさくやひめ》のイメージとどこか重なる。下野さんによると、山姫伝承は修験道の伝わる山地に多く、なかでも山姫にまつわる逸話がもっとも多いのが屋久島なのだという。

病床に山姫が現れた！

そんな山姫を見たという人物に話を聞くことになった。

ウッドショップ木心里の店主で元・山師の鹿島裕司さん。麗さんの古くからの友人である。麗さんが営む散歩亭で待ち合わせると、芋焼酎片手に鹿島さんとの会話が始まった。

鹿島さんの生まれは安房集落の春田地区。祖父の代から製材業を始め、鹿島さんの父も同業だ。鹿島さん自身はもともと鹿児島の電気工事店で働いていたが、21歳になって帰島。紆余曲折を経て屋久島における山師のレジェンド、高田久男さんが社長を務める愛林に就職し、山の世界で生きることとなった。

なお、屋久島では新たに屋久杉を伐採することが禁じられているため、現在市場に流通している屋久杉は土埋木が中心となっている。土埋木とは主に江戸時代に伐採されたものの搬出されず、そのまま放置された木材のことを指す。愛林はこうした土埋木の搬出を事業のひとつとしてきた。

屋久島の国有林は戦後になって伐採が進み、チェーンソーが導入された昭和30年代以降には乱伐されるようになった。山に対して畏怖の念を持っていた屋久島の山師たちは、いったいどんな気持ちで巨大な屋久杉を切り倒したのだろうか。現在とは時代背景が異なる昭和30年代の山師の思いを想像することはできないが、高田久男さんは木々を切り出すだけでなく、守り、育てることを意識しながら林業を推し進めた「レジェンド」であった。


鹿島さんは何杯目かの芋焼酎を空にすると、おもむろに本題である山姫について話し始めた。時は2007年の5月31日。その日の朝9時20分、鹿島さんは山中で転落事故に見舞われた。

「その木に登ったのは3回目だったんですよ。自分が登る前に同僚が登ったんですけど、最近になって当時のことを会社で話していたら、みんなどうもその木に対していい気がしていなかったというんです」

「いい気？」

「そう。ひとりは下りれなくなって、助けを呼んだことがあったというし、もうひとりのプロ中のプロも『どうもその木だけはおかしい感じがした』って。あの会社を去ったことや大怪我をしたことに引け目を感じていて、最近まで事故の話をほとんどしなかったんですけど、最近になってみんなそう感じていたことを知りました」

「その木は屋久杉だったんですか？」

「そうです、屋久杉です。当時はいろんな木を見てるから、樹齢数百年の木なんて大したことねえなと思っていました。その屋久杉も15メートルぐらいはあったけど、そういう感じの一本ですね」

鹿島さんはその屋久杉を切り倒すために登ったわけではなかった。土埋木を釣り上げるためのワイヤーロープを張るため、同僚たちが「いい気がしていなかった」という屋久杉によじ登ったのだ。

「当時33歳だったので、怖いもの知らずだったんですよ。会社どころか自分が地球を回していると思っていたぐらいなので。勘違いの時期ですよね（笑）。変な責任感もあったし、他のメンバーに危ない思いをさせたくないと思って、その木に3回登ったんです。ただ、俺はそんなにいやな木だとは思っていなかった」

そして、鹿島さんはワイヤーに跳ね飛ばされて高さ15メートルの屋久杉から転落することになる。

「本当はひとり作業ってダメなんですけど、人員のこともあってひとりでやってたんですね。ワイヤーに跳ね飛ばされて、周りに誰もいない状態で落ちました。感覚的には下に落ちるまで3秒ぐらいあったような感じ。落ちながら数えたんですよ。1、2、3って」

「転落してからも意識はあったんですか？」

「ありましたね。内出血がひどかったけど、血がだらーっと流れているのが見えて。無線機で親方に『落ちました』と連絡したら、同僚が駆けつけてくれました。だんだん意識が遠のいていくので同僚に『ダメかも』と伝えたら、ちょうど次男が生まれて半年ぐらいだったこともあって、『子供たちがいるのにこんなところで死んでいいのか？』と言われて……その一言で一気にシャキーンとなったんですよ」

山師の体験談はさすがにリアルだ。血の気が引くような情景描写が続き、酒のツマミに伸ばす手も止まる。

ヘリコプターで山中から運び出された鹿島さんは、出血がひどかったため、鹿児島の病院に連れていかれる前に島でもっとも大きな徳洲会病院で輸血を受けた。それほどまでの重傷だったのだ。骨盤は粉砕骨折し、意識は飛んだり戻ったりと、生きるか死ぬかギリギリのラインだった。

「交通事故で骨盤の粉砕骨折といったらほとんど助からないレヴェルの重傷らしいんですけど、それぐらいの状態だったんですよ。あとから聞いた話だと、ボルトを12本入れたらしくて。今も4本残っています」

鹿島さんが山姫を見たのは、手術が終わった日の夜のことだった。

「すぐに手術してほしかったんだけど、落ちてから2週間後にようやく手術してもらえて。その日の夜、寝ている自分の横に立っていたんですよ、紫の着物と白い羽衣姿の小柄な女性が。山姫だ、と思いました。

山師のあいだでは枝ぶりのいいサカキを見つけられる人が優秀とされていて、以前僕の尊敬する人が見つけてきたサカキが本当に見事なものだったんですね。だけど、紫色の服を着た山姫が、それよりも美しいサカキを僕に一本手渡してきたんです」

先述したように、もしも山中で山姫と出会ってしまったらサカキやシャクナゲの枝を振りながら逃げろと言われている。だが、鹿島さんの見た山姫は、逆にサカキを手渡してきたというのだ。古来神様が降り立つ依り代とされてきたサカキと山姫が結びつくところにもまた、何か特別な意味を感じてしまう。

そして、鹿島さんはそのとき、山姫の顔も見たのだという。

「どんな顔でした？」

「古代の人みたいな感じ。卑弥呼みたいな……あまり可愛くないなと思いました（笑）。でもね、僕が転落した屋久杉もブサイクだったんです。よく見たら着物の肩口が破けているんです。あとから考えると、登るときに屋久杉の枝を折ってしまったんですよね。それで着物が破けてたんじゃないかって」

鹿島さんはそこまで一気に話を進めると、焼酎の入ったグラスを傾けた。僕はというと、グラスに手を伸ばすのも忘れて鹿島さんの話に聞き入っていた。鹿島さんは続ける。

「確かに（強い鎮痛作用のある）モルヒネを打っている状態なので、幻覚を見ている可能性のほうが高いと思いますよ。でも、自分のなかでは確かに山姫はいたんです。僕はそんなに信心深くはないけど、山姫に助けてもらったと思っているし、あの事故のおかげで今の自分がいるとも思っていて。そもそも林業自体シビアな世界だし、常に覚悟を持って山に入っていたから、山姫を見ても怖いという感覚がなかったんですよね」

山姫は実際に彼の枕元に立ったのか、モルヒネの幻覚作用だったのか、あるいは単なる夢だったのか。それはこの際どうでもいいだろう。確かに山姫はいた――鹿島さんはそう断言するのだ。稀有な体験をくぐり抜け、現世に舞い戻ってくることのできた鹿島さんだからこそそう確信することができたのかもしれない。

なお、鹿島さんは退院後、転落した屋久杉のもとに3回足を運んだ。3回目は自分が考える一番いいサカキを持参し、それを木の根元に供えた。それ以来、鹿島さんはその屋久杉のもとには行っていない。

数冊の民話集で山姫のことをいくらか知ったつもりになっていたけれど、実際に山姫を見たという人物に話を聞くのは初めての体験だった。そもそも山姫の顔がどんな具合か、具体的に書いた民話集はなかった。「美人である」と記しているものはあったけれど、美人かどうかは見た人物の趣味による。少なくとも鹿島さんは「あまり可愛くない」と感じたのだ。それぞれの人によってそれぞれの山姫がいるということでもあるのだろう。

仕事がひと段落した麗さんが話の輪に加わると、鹿島さんの話はさらにヒートアップした。まずは安房集落のとある「カミサマ」についての話。

「俺、小さなころ目が腫れる習慣があって。たぶん何かが取り憑いてたと思うんだけど、これはきたなと思ってばあちゃんのところに行ったんですよ。ヨモギでババッとやられて、何かを唱えてもらったらもう治ってる。ま、ホントかウソかわからないですよ。ばあちゃん関係なく、勝手に治ってるのかもしれないし。子供のころはそういうことがよくありました」

鹿島さんの話に呼応するかのように、麗さんも「変なことが起きると、とりあえずカミサマのところにいくという人が多かったよね。カミサマはそういう存在でした」と同調する。

麗さんと鹿島さんの話によると、昔の人はよく墓の近くなどで火の玉を見ていたらしい。麗さんは「屋久島は近年まで土葬だったから、今では科学的な説明ができるのかもしれないけど。みんなどこかで『屋久島の山や森には何が棲んでるかわからない』っていう不気味さみたいなものを感じていたと思う。暮らしの中で起こる不思議な体験を受け入れながら暮らしていたんじゃないかな」と話す。

ちなみに、鹿島さんたちが世話になっていたのは、安房で最後のカミサマでもあった。現役だったのは30年ほど前。「こんなことが日常で起こる剥き出しの屋久島は私たちが小学生ぐらいの時期で終わった感じがする」と麗さんが話すと、鹿島さんもその説に同意した。実際、そのころ島を一周する県道は現在のように舗装されておらず、行き交う車は砂埃を巻き上げながら剥き出しの道を爆走していたらしい。剥き出しだったからこそ表面化したもの、覆い隠されたことで見えなくなったものとは何なのだろうか？

山姫とは、山の世界に対する島民たちの畏怖の念が姿形をもって現れたものでもある。島民たちは広大な山の世界を愛し、親しみを覚える一方で、恐れ慄いてきた。畏怖とは単なる恐怖だけでなく、途方もないほど巨大な存在を前にしてたじろぎ、畏《かしこ》まることも意味している。そうした複雑な感情が、美しくも恐ろしい山姫という存在となって現れたのだろう。

その夜の焼酎はやたらと効いた。鹿島さんと競い合うように飲み続けたことが効いたのか、酒の肴となる話がディープすぎたのか、身体と心の深いところにまで酒が染み渡り、僕はふらふらと国本さんが運転する車へと乗り込んだ。暗い県道を走っていると、今にもヘッドライトのその先に十二単の袴が浮かび上がるような気がした。

首里城には屋久杉が使われている？

屋久島とは山岳信仰の島である。〝まつばんだ〟にもそのことを偲ばせるフレーズがあるし、岳参りのように信仰の深さを窺わせる行事が現在も続けられている。では、そうした信仰心はどのように育まれてきたのだろうか？　コミュニティーもしくは家族の中で自然に受け継がれてきたものではあるけれど、かといって島民の心のうちに突然インストールされたわけではない。いくらかぼんやりとした「屋久島とは山岳信仰の島である」という言葉にもう少しピントを合わせたくなって、山のエキスパートにお話を伺うことになった。

屋久島大学プロジェクトの主催者で、一般社団法人屋久島アカデミー代表理事の小原比呂志さん。北海道十勝出身の小原さんは、昭和61年（1986年）から屋久島でガイドを続けている大ベテランだ。島の歴史や民俗、信仰についても詳しい学者肌のガイドでもある。屋久島の山の特徴について小原さんはこのように語る。

「もちろん本州の紀伊半島や上越などにもっと壮絶な山はあるんですけど、屋久島には圧倒的な岩と植物の世界に慄きながら山へと入っていくという感覚があるんです」

「ただね」――小原さんは前置きをし、こう続ける。

「僕が初めて屋久島に来た40年前、ここの山はものすごい禿山だったんですよ。白谷林道の上下が伐採されてまだ10年ぐらいしか経っていなかったし、崩壊地も多く、今とは山の風景がずいぶん違いました。縄文杉の存在が急激に知られるようになったのが1990年ぐらいだと思いますけど、それ以前に写真を撮るとすれば、山岳写真かガジュマル、もしくは海岸。80年代は屋久杉が観光のシンボルになっていなかったんです。だから、90年代から屋久島の森はより強く意識されるようになってきたということなんでしょうね」

80年代まで屋久島の山の一部は禿山だった。これは島民たちがあまり口にしたくない島の歴史でもあるだろう。島民たちは常に島の自然を尊び、守ってきた——そうしたストーリーとは裏腹に、実際は幕末までの時代に多くの屋久杉が切り出され、戦後になるとチェーンソーが普及したこともあって多くの屋久杉が伐採された。70年代には屋久島を守る会が先導する自然保護活動が活発化したこともあって、80年代には原生林の伐採が減少してきたが、小原さんが初めて島を訪れた80年代、屋久島には伐採の記憶がまだまだ生々しく残っていたのだ。

1章で触れたように、屋久杉の伐採が本格化したのは安房出身の儒学者・僧侶、泊如竹が屋久杉を年貢として納めることを藩に提言してからのこととされている。それまでの屋久島でも屋久杉の利用はされていたが、島津氏による禁制が徹底されていたらしい。泊如竹はみずから山中に入っていくと、「今後屋久杉を世のために伐採すべし」というお告げを得たとして伐採を推し進めた。寛永17年（1640年）には屋久杉の伐採を取り仕切る屋久島代官所が設置されており、小原さんは「それ以前の段階で事業規模が大きくなっていたと考えられます」と話す。切り出された屋久杉は造船材や平木（屋根材）など建築材として出荷され、島津氏によって各地に販売された。

小原さんは屋久杉の運搬には鹿児島湾口にある山川港が重要だったと考えている。その証拠が山川港周辺を原産とする山川石だ。栗生の共同墓地に並ぶ黄色い墓石は山川から運ばれたものだったが、こうした山川石は屋久島中で見ることができるという。

「屋久島の山の頂上にある石塔の多くは、山川港の近くで産出する黄色い溶結凝灰岩なんです。種子島や薩摩の上級武士の墓などにもこの山川石はよく使われています。山川は鹿児島の入り口であり、琉球と繋がる重要な港でもあった。おそらく屋久杉を運んだあと、空になった船にバラスト(船体の安定を保つために積み入れる重量荷物)として山川石を積んできたんじゃないかな」

一方、切り出された屋久杉のうち、かなりの本数が琉球へと運ばれており、一部は首里城の再建にも使用されたらしい。

首里城は過去幾度となく焼失している。1度目は享徳2年(1453年)、2度目は万治3年(1660年)、3度目は宝永6年(1709年)。3度目の際は琉球の木材が枯渇していたため、薩摩藩から2万本近い原木が提供されており、そのなかに屋久杉が含まれていた可能性があるというのだ(ちなみに、その後首里城は1945年の沖縄戦、さらには2019年の火災でも全焼している)。

この運搬ルートとして、屋久島〜琉球間を直接結ぶ航路もあったらしい。

「寛永元年(1624年)、栗生に琉球交易用の大船が配置されたという記録もあるんですね。これは薩摩藩が琉球交易の商品として屋久杉を出荷するためとされています。また他にも屋久杉を違法に積みだし、難破して捕まったりと、裏でいろいろやっていたようなんですよ。正式な運搬も違法な抜け荷も含めて、さまざまな人的交流はあったと思います」

薩摩藩に年貢として納められていた平木は通貨と同等の価値を持っていたわけで、海上を縦横無尽に行き来するマージナルマンがこっそり持ち出していたとしても不思議ではない。島外への行き来が制限されていた時代、そうした人的交流は違法行為でもあったが、抜け道などいくらだってあった。ただし、そういった交流は違法行為であるがゆえに当然古文書にも載っていないし、親から子供へと語り継がれることもなかった。

もちろん、違法な交流だけでなく、正規の海運を通じた交流も盛んだったわけで、〝まつばんだ〟や山川石は、島と島を結ぶ多様な交流を現在へと伝える痕跡のひとつでもあるのだ。

法華宗と修験道の影響

琉球への屋久杉の輸出とともに、屋久島の山岳信仰を解読するうえでもうひとつのキーとなるのが法華宗の影響だ。

古代から中世にかけての屋久島では、律宗が島で唯一の仏教の宗派として信仰されていたとされる。15世紀の寛正年間になると、法華宗の僧侶が京都から送り込まれ、文明元年（１４６９年）ごろになると屋久島は種子島、口永良部島とともに律宗から法華宗へと改宗することになる。

ただし、もともと山々への信仰が強かった島民たちは、新しく入ってきた法華宗になかなか馴染むことはなかった。そんなころ島へとやってきたのが、京都本能寺の高僧である日増《にちぞう》上人。日増は長享2年（１４８８年）に来島すると、永田集落の長寿院を拠点に法華宗の布教に乗り出すのだ。

だが、なかなか島民たちは日増に心を許さない。しびれを切らした日増は、みずから山中に入って法華題目を唱えて祈祷すると、「永田岳の山頂が鳴動し、突然、白鹿が現れて日増上人を拝み、やがて去ったということです。以来、八重岳の震動や怪異の出現はぴたりとなくなった」（下野敏見『南日本の民俗文化誌4 屋久島の民俗文化』）という。

みずから山の中へ入り、信仰の効力を証明する。日増のやり方は、先に書いた泊如竹のものと同じだ。というか、先輩である日増のやり方を如竹が参考にしたといったほうが正しいだろうか。山の世界が今よりも奥深く、謎めいていた時代であればなおさら「実体験によって証明する」日増や如竹のやり方は効力を持ったことだろう。

そうした日増や如竹の努力もあって、江戸時代まで屋久島の仏教は法華宗一色に染まる。ただし、法華宗は島の風習をうまく取り入れながら、島民の心に浸透していく。たとえば、島の精神を象徴するとされる岳参りですら、当初は法華宗が主導していたというのだ。小原さんはこう話す。

「岳参りは屋久杉伐採の安全と利益を保証してもらうためのものでもあったんですよ。祟りなす山の神に対して、法華宗の加護のもときちんと仁義を通すことで、首尾よく伐採・運搬作業が進むようにする。その背後にあるのは、経済的な中心にして生活の根幹が山の世界にあったということでしょう。そのことへの感謝と依存こそが本当の生きた信仰です。

江戸時代が終わり各村の主体的な伐採が途絶えたあとは、目的が漠然と家内安全や五穀豊穣へと移行したため、その必要性は次第に薄れていきました。しかし歴史的には屋久島の歴史＝木材生産の歴史なので、鉱山に虚空蔵菩薩など山の神が伴うように、屋久島の木材産業を精神面で支えたのが、法華宗が修験道から引き継ぎ主導した山岳信仰だったんです」

屋久島ではそのように古来の御岳信仰、律宗、法華宗、そしてカミサマに象徴される民間信仰や明治以降の浄土真宗など、さまざまな信仰がレイヤーのように重なり合い、島民たちのアイデンティティーを構築してきた。〝まつばんだ〟は法華宗が支配的だった江戸時代に育まれたが、その土台にはやはり屋久島ならではの多層的な信仰が横たわっている。

そうしたレイヤーのひとつとして、修験道がある。修験道は山と密接な関係を持つ信仰であり、山中で悟りを開くことを教義のひとつとしている。屋久島では古来から律宗が信仰されていたわけだが、修験道は律宗との関係も深い。奥深い山の世界が広がる屋久島に修験道が伝わり、法華宗伝来以前の島民たちの精神性に影響を与えていたというのは確かにイメージしやすい。

ちなみに、屋久島のお隣にあたる種子島では修験道の痕跡を容易に見つけることができる。第10代島主である種子島幡時《はたとき》は修験道の本拠地である紀州熊野権現を尊崇しており、享徳元年（１４５２年）には熊野権現を分祀して種子島東部に熊野神社を建立している。また、幡時は修験道の犬神使いでもあったことから、彼が修行した東部の海岸には犬城海岸という名がつけられた。文明元年（１４６９年）ごろ、種子島は修験道と結びつきの強かった律宗から法華宗へと改宗することになるが、その直前の時期、種子島では幡時がリードするかたちで修験道の活動が盛んに行われていたと思われる。

幡時がせっせと熊野に通っていたころというのは、屋久島が種子島氏の支配下に置かれていた時代にあたる。種子島と同じように屋久島へと修験道が持ち込まれていたと考えるほうが自然だろう。

だが、修験道に入れ込んでいた幡時はあるとき、忽然と姿を消してしまう。そして、小原さんの説では幡時の息子である時氏が種子島家第11代島主になった途端、熊野〜修験道の歴史がばっさり切られて法華宗一色になってしまうというのだ。屋久島における法華宗の布教は種子島氏と本能寺が組むことによって、山の神を顕在化させて宗教的な支配下に置き、森林開発を進めやすくするという経済的・政治的意図のもとに戦略的に行われたのではないか。そう考えているわけだ。

先に書いたように日増や如竹は法華宗を広めるため、山に対する島民たちの信仰を利用した。法華宗伝来以前に島民のあいだで浸透していたと思われる修験道も当然利用されたことだろう。小原さんは、岳参りの作法が熊野修験の「春の峰入り行事」をその簡易版というべき形で継承しているように思われるという。そして小原さんは「いきなり僧侶が山に入れると思わないので、日増や如竹のときはもともと山に入っていた修験者をサポート的に使った可能性もありますよね」とも話す。ただし、このあたりはもはや資料のない世界であって、確証があるわけではない。

「そういえばね、ボルネオのキナバル山に登ったことがあるんですよ」——法華宗と修験道を巡るディープな考察が続いたあと、小原さんはこう切り出した。

「照葉樹林の森にシャクナゲが咲いていて、どことなく屋久島に似ているんですね。キナバル山を登る途中に『生贄の池（Ｓａｃｒｉｆｉｃｅ Ｐｏｏｌ）』と呼ばれる池があって、かつてはそこで供物を捧げて山を拝んでいたそうなんです。霧島や阿蘇などの霊山にも『池＋山』という組み合わせがしばしば見られますし、箱根や赤城山にもあります。国内にも普遍的に存在する形なんですよね。そういえば、屋久島にも池から山を拝む場所があるなと思って」

「えっ、どこでしょうか」

「花之江河です」

麗さんが「シャーマンみたいなおばちゃん」から告げられたというあの花之江河である。麗さんとシャーマンの会話をリプレイしてみよう。

「ある日、近所のおばちゃんから電話をもらったんです。

『麗ちゃん、あんた、〝まつばんだ〟歌ちょいとか？』

『うん、歌ってるよ』

『あの歌はよ、昔、位の高いお客さんが来たときにもてなすために歌うものやった。そういうお客さんがきたときは奥座敷に通すでしょ。屋久島の奥座敷はどこかわかる？』

『えっ、どこ？』

『花之江河よ。だからね、うまく歌おうとせんでいいから、森の間から空に突き抜けるように歌えばよか』

おばちゃんはそう言うんですよ」

まさか小原さんからも花之江河の名が出てくるとは。では、花之江河でも何らかの宗教儀式をやった痕跡はあるのだろうか？　たとえば、キナバル山の麓で行われていたように、生贄を捧げるようなことが。

「以前、花之江河の土壌調査が実施されたことがあるんですよ。そのとき、土壌から炭が出たというんです」

「炭、ですか？」

「そう。湿原で火事が起きるとも思えないし、ひょっとしたら修験道の護摩壇のような宗教儀式の跡なんじゃないかという意見が出てるんですよ」

「それは何年ぐらい前の炭なんでしょうか」

「放射性炭素年代測定をすると、何年前のものかわかるんですね。それによると、どうやら800年ぐらい前のものだろうと」

「800年！　屋久島に法華宗が入る遥か前の話ですね」

「そうです。花之江河からは黒味岳がすぐ目の前に広がっているんですが、江戸時代の『明暦屋久島大絵図』に黒味岳は『黒御岳』と記されているんですよ」

「黒御岳と書くと、明らかに霊山の匂いがしますね」

「そうなんです。ひょっとしたら、800年前、花之江河から黒御岳を拝むという儀式が行われていたのかもしれない」

黒御岳を遥拝しながら、何かを燃やし、祈りを捧げる。それは修験道や法華宗以前のプリミティヴな山岳信仰が現れたものなのかもしれないけれど、それが何なのか探ることは、僕にとっては空想の世界を巡るようなものでもある。

だが、花之江河にはきっと何かがあるのだろう。〝まつばんだ〟から延びる歌の道が、ふたたび花之江河へと繋がった。

〝まつばんだ〟から広がるソングライン

屋久島の山岳信仰を語るうえでたびたび例に挙げられる風習がある。それが岳参りだ。

本書のなかでも何度か触れてきたが、岳参りとは春と秋の2回、集落ごとに行われる伝統行事（ただし、現在すべての集落で行われているわけではない）。集落から数人の集団によって御岳へ登り、山頂に祀られる一品法寿大権現の祠で集落の五穀豊穣などを祈願する。下山する際には山の神が宿るとされるシャクナゲの枝を折り、集落の人々に配るのが慣わしとなっている。かつては青年団が岳参りの中心を担ってきたが、青年団組織が弱体化したこともあって高度経済成長期以降、多くの集落で衰退した。2000年代以降になると各集落で岳参りの風習が見直され、一度途絶えていた集落でも岳参りが再開されるようになった。

小原さんは屋久島において岳参りという風習がシンボリックに扱われるようになったのは近年のことととしている。

「表現は悪いのですが、世界遺産登録が、いわば地域ナショナリズムを勃興させたようなところがあります。岳参りは、山と共生し、大切にしてきた島の生活を象徴するものなのだ、というわけですね。世界遺産登録によってプライドを取り戻したともいえるのですが」

屋久島では戦後多くの屋久杉が伐採され、小原さんが最初に島を訪れた80年代、あちこちで禿山が広がる状態だった。だが、1993年の世界遺産登録によって屋久島が認められ、地域を見つめなおす視点が生まれた。その象徴として岳参りがクローズアップされ、その意義がふたたび見つめ直されるようになったのだ。

そうやって岳参りが再興するプロセスを辿っていくと、〝まつばんだ〟もまたほとんど同じ経路を辿ってリヴァイヴァルしていることに気づく。〝まつばんだ〟を通して地域のアイデンティティーが見つめ直され、再編されつつあるのだ。

その一方で、〝まつばんだ〟に対する思いは集落・島民によって異なる。屋久島という地域にひとつの求心力を作り出すためなら「私たちのまつばんだ」という共通意識が必要になってくるが、現状、ひとりひとりの〝まつばんだ〟が存在していて、「私たちの〝まつばんだ〟」という共通意識が生まれている段階ではない。考えてみれば、酒匂シゲさんの時代だって歌い手ごとに異なる〝まつばんだ〟が存在していたわけで、この島ではそうやって複数の〝まつばんだ〟が歌われてきたのだ。

そもそも屋久島の人々は山や海といった自然環境、あるいはその地に棲む神々とパブリックなものではなくパーソナルなものとして繋がっている。誰もが心のうちにそれぞれの御岳があり、それぞれの〝まつばんだ〟がある。その慎ましくも奥深い心のありようもまた、屋久島という島の精神性を現しているような気がする。

「そういえば大石さん、『ソングライン』って知ってます？」

車のハンドルを握りながら、国本さんがそうつぶやいた。取材の現場から現場へと移動する車中は、次の取材に向けた打ち合わせや今終わったばかりの取材の反省会の場だ。最初に会ったときと同じように出版業界や音楽業界のゴシップで盛り上がることもあったけれど、大抵の場合は今後に向けたアイデアを練る場となった。

「『ソングライン』、ですか」

「オーストラリアの先住民のあいだでは、歌や踊りを通して祖先が辿ってきた道筋を語り継いできたそうで、そのことをソングラインと呼ぶんですよ。僕らが今やってることもまさに歌の道（ソングライン）を辿る旅だなと思って」

なるほど、と相槌を打ちながらも、そのときの会話はそこで終わった。ひょっとしたら国本さんのなかではその言葉を糸口に何かを掴み取ろうという考えがあったのかもしれないけれど、取材が続いて忙しい一日である。すぐさま次の取材に向けた具体的な打ち合わせへと話は移り変わっていった。

ソングライン、歌の道——。その言葉を頭の片隅に抱えたまま数か月が経ったころ、僕はひょんなことから『Ｗｅｓｔｗｉｎｄ　ジャルーのレガシー』というドキュメンタリー映画の試写会へと足を運ぶことになった。映画はオーストラリア北部準州アーネムランドの長老、ジャルー・グルウィウィとその息子を軸に進んでいく。ジャルーはオーストラリア先住民族のひとつであるガルプ族の伝統を受け継ぐ人物で、ガルプ族の知識や知恵、物語が織り込まれたソングラインの保持者でもある。一方、ジャルーの息子は伝統を今まで通り受け継ぐことに対する疑問を抱えながら生きており、劇中では親子の葛藤も生々しく描き出される。社会は変わり、自分たちのライフスタイルも変わるなかで、どうやってガルプ族のレガシーを守っていくことができるのだろうか。映画そのものが、ジャルーからの問いかけともなっている。

劇中、ガルプ族の人々が話す言葉のなかでも強く印象に残ったのが、「歌が死ねば私たちの霊魂も死ぬ」という一言だった。歌が死ぬということは、これまで紡がれてきたソングラインが途切れるということでもあり、祖先から受け継がれてきた物語が幕を下ろすということも意味している。

だから、私たちは歌い続けなくてはいけないのだ。その一言にはそうした悲痛な思いも込められているように感じられた。

見方を変えれば、ソングラインとは祖先との対話であり、道に迷わないための、あるいは自分が何者か忘れないための道筋でもある。東京で生活をしていると墓参りや盆ぐらいしか祖先と対話する機会はないが、オーストラリアの先住民はソングラインによって祖先が辿ってきた道を遡ることができるのだ。

『Westwind ジャルーのレガシー』という映画を見ながら、僕は屋久島の島民たちのことを考えていた。ガルプ族の人々同様、屋久島の島民は〝まつばんだ〟によって祖先から受け継がれた物語と知恵に触れることができる。いくら時代が移り変わろうとも、〝まつばんだ〟に綴られた物語を辿ることによって、自分たちがどこからやってきて、祖先がどのような暮らしを送っていたのか、プレイバックすることができるのだ。そして、そうした屋久島のソングラインには、南島からやってきたマージナルマンや現代の移住者たちの物語も織り込まれている。

〝まつばんだ〟から広がる果てしなきソングライン。2021年冬、僕らはまさにその歌の道の上に立っていた。

第６章　明治生まれの歌い手たちの記憶

泊伝三郎が語る父、伝市

濃密な一日の終わり、アナンダ・チレッジのベッドに身体を横たえながら、僕はたびたび『屋久島のわらべ唄・民謡　まぼろしのまつばんだ』に収められた〝まつばんだ〟の古い音源に耳を傾けた。明かりを消し、酒匂シゲさんと泊サトさんが昭和40年（１９６５年）に吹き込んだ歌声に身を委ねていると、身体がふわりと軽くなってくる。ふたりの声には現世と常世を行き来しているような幽玄な響きがあって、ややこしいことばかりのこの世界から解放されていくような気分になるのだ。

杉本信夫さんが昭和55年（１９８０年）に録音した若松シマさんの歌も素晴らしい。シマさんは音程が上がるところを少々苦しそうに歌うが、そこになんとも切々とした情感がこもっている。プロの歌手のようにコントロールされた歌ではないけれど、シマさんの生き様や屋久島の風土が鮮明に浮かび上がってくる。そんな歌だ。

シゲさんやシマさんの歌を聴いていると、なぜそんな感情が湧き上がってくるのだろうか。僕はいまだに言葉にすることができない。ただただ心が揺さぶられ、その次には安心感みたいなものが込み上げてくるのだ。そうこうするうちに、僕はゆっくりと眠りに落ちていく。一日の最後にそうやって〝まつばんだ〟に耳を傾けることで、自分たちがどこに向かって取材を進めているのか、確認しようとしていたのかもしれない。その意味で古い〝まつばんだ〟の音源は、僕にとって道標のようなものでもあった。

『屋久島のわらべ唄・民謡　まぼろしのまつばんだ』にはもうひとつ、鮮烈な印象を残す歌声が収められている。安房集落の泊伝市さんが昭和31年（1956年）にレコーディングした〝まつばんだ〟だ。男性が歌う古い〝まつばんだ〟、それも屋久島の音源となると伝市さんのものか、あるいは『日本民謡大観』に収められた日高嘉一さんの〝松番田〟など限られたものしか残されていない。そんなこともあって、島の男らしい力強さが溢れた伝市さんヴァージョンの〝まつばんだ〟にも惹かれるものがあったのだ。

伝市さんが〝まつばんだ〟を録音した経緯については、杉本信夫さんが論考のなかで記している。そのまま引用させていただこう。

このあと別の機会に屋久島を訪れたとき、偶然安房の泊伝市さん演唱による「まつばんだ」のテープを手に入れることができた。原盤は泊さんが昭和31年に何かの用件で上京されたときに、屋久島出身で東京在住の永綱一丸氏がポリドールの友人に頼み、泊伝市さんが数少ない「まつばんだ」の伝承者なので、78回転の円盤に録音しておいてもらったものである。（中略）これも酒匂シゲさんのうたと全く同じ琉球音階であり、見事なうたいぶりである。（杉本信夫「屋久島の『まつばんだ』考　琉球音階の北上か」）

そんな泊伝市さんのお子さんが安房集落で書店を営んでいるということで、お会いすることになった。泊伝三郎さん、昭和8年（1933年）生まれ。伝三郎さんに確認したところ、父の伝市さんは明治26年（1893年）の生まれ。そして、伝三郎さんもまた〝まつばんだ〟の歌い手だという。

「よろしくお願いします、泊です」

伝三郎さんからいただいた名刺には、「如竹踊り保存会会長」という肩書きが記されている。如竹踊りとは泊如竹を偲んで安房の人々が始めたと伝えられる踊りで、如竹の命日にあたる旧暦5月25日には如竹の墓前で踊りを奉納する。伝三郎さんは自身が開業した泊書店を営む一方で、如竹踊りの保存会会長も務めている。

簡単な自己紹介を済ませると、伝三郎さんは直立不動で〝まつばんだ〟を歌い始めた。午後3時の気怠い陽光が差し込む泊書店の店内に、朗々とした歌声が響き渡る。伝三郎さんの実直なお人柄が伝わってくるような歌である。一息で歌い終えると、伝三郎さんは椅子に腰掛けてこう語り出した。

「これが屋久島で歌い継がれてきた歌なんですね。麗ちゃんのは南方の島々から伝わってきたもので、節回しが少し違うんです。私の歌は親父が歌っていたものを聴いて覚えたものです」

「伝三郎さんの世代でも〝まつばんだ〟を歌う方はいたんですか？」

「私世代で他に歌っている人はいないと思いますよ。私自身、ＣＤやカセットテープでしか聴いていないですから。直には聴いていない」

杉本さんの論考に書いてあったように、昭和30年代の段階で「泊伝市さんが数少ない『まつばんだ』の伝承者」だったわけで、安房集落でさえほとんど歌われることがなかった。〃まつばんだ〃の伝承者を父に持つ伝三郎さんでさえ、直接〃まつばんだ〃を習ったわけではなかったのだ。覚悟はしていたものの、厳しい現実に直面して僕は次の質問に口ごもってしまった。

「伝市さんは昭和31年に東京で〃まつばんだ〃を録音していますが、この段階で〃まつばんだ〃を歌える方はほとんどいなかった？」

「そうですね。酒匂シゲさんが歌っていたそうですが」

「シゲさんとは面識はありますか？」

「ないことはないですね」

「伝市さんがお亡くなりになったのはいつですか」

「年齢は90歳でした。何年だったかな……20年ぐらい前ですかね、だいたい」

「〃まつばんだ〃を歌える方はほとんどいないなかで、お父様が歌えたのはなぜなんでしょうか？」

「うーん、昔のことですから、わかりませんねえ。私もそういうことを親父に聞くこともなかったですし、どこでいつ覚えたのか聞く機会もなかったんです。70代で脳溢血で倒れましてね、それから元気がなくなってしまった」

忙しい時間を割いて僕らの取材を受けてくれた伝三郎さんの手をこれ以上煩わせるのも何とも心

苦しい。僕らは警察や探偵のように身辺調査をしているわけではないのだ。

最後の質問のつもりで、僕はこんな質問を投げかけた——伝市さんは何のお仕事をされていたんですか？

「親父はですね、山ブローカーというか、いろんな土地を買い、山師たちを雇ってですね、伐採をやらせていたんです。１００トン積みぐらいの機帆船を2艘持っていたので、それに木材を積んで鹿児島のほうに運んでいたんです。朝鮮動乱のころですから、鉄道の枕木が必要になって、日本から朝鮮に送っていたわけですね」

「その木材は山川港に運んでいたんでしょうか？」

「いや、鹿児島港まで持っていったんじゃないですかね」

『屋久町郷土誌』には伝市さんが創業した泊海運のことが記されている。創業は大正14年（１９２５年）、昭和25年（１９５０年）には会社を畳んだようだ。ここには「海上運輸業」という記述もあり、伝三郎さんの話とぴったり重なる。伝市さんがポリドールのスタジオで〝まつばんだ〟をレコーディングしたのは泊海運を閉めてから5年後のことだった。この時期には少なくとも暮らしの場で〝まつばんだ〟が歌われることはほとんどなくなっていた。

そして、伝三郎さんはこう断言するのである。

「当時の世代はすべて亡くなっていますから、誰も知らないと思いますよ。親父やシゲさんの世代が最後だった」

80年代に入って杉本さんが屋久島で講演を行うまで、あるいは2000年代に入って野呂さんが〝まつばんだ〟の音源集を制作し、屋久島学ソサエティの働きかけによって再生が始まるまで、屋久島での〝まつばんだ〟の伝承はほぼ途切れていたといえる。

伝三郎さんへの取材はその確認でもあった。そう頭でわかっていても、現実を突きつけられるとやはり愕然としてしまうものである。もちろん伝三郎さんに罪はないけれど、〝まつばんだ〟の調査はやはり簡単なことではない。僕らは何とも申し訳ない思いを抱えながら泊書店を出た。

もうひとりの安房のスター、若松シマ

資料の少ない〝まつばんだ〟の実態を掴むためには、もはや〝まつばんだ〟を歌っていた人々のルーツを辿るしかない。伝三郎さんとの会話を通じて、僕はその思いを強くしていた。

〝まつばんだ〟はたとえ屋久島に生まれ育った島民であっても、誰もが口ずさめるようなものではなかった。島民のなかでも限られた者だけが歌うことができる特別な歌だったのだ。では、なぜ酒匂シゲさんや若松シマさんは〝まつばんだ〟を歌えたのだろうか。しかも彼女たちの歌にはなぜ琉球音階のニュアンスが込められていたのか。南方からやってきた海民とどこかで接点があったのだろうか？　シゲさんやシマさんのことを掘り下げれば、〝まつばんだ〟そのものの背景が見えてく

るに違いない。

とはいえ、シゲさんやシマさんたちのことに触れた資料は少ない。こうなったら生前のシゲさんやシマさんのことを知っている人に直接話を聞くしかない。幸いにもおふたりとも亡くなるまで安房集落で暮らしていたことがわかっている。安房の住人の多くを知る麗さんという強力な助っ人もいるし、何とかなるかもしれない。

取材の残り日数もあとわずかとなっていた。コロナの感染状況次第では次にいつ屋久島に戻ってこられるかわからないわけで、急ピッチで取材を進める必要があった。


まず麗さんが引き合わせてくれたのが、2011年まで屋久島町の町長を務めた日高十七郎《となお》さんだ。十七郎さんは昭和15年（1940年）に安房で生まれ、現在も安房在住。集落の変貌をつぶさに見つめてきた安房の生き証人でもある。

かつての屋久島は北部の上屋久町、南部の屋久町に分かれていたが、2007年にはふたつの町が合併して屋久島町が誕生。十七郎さんは屋久町の町長を務めたあと、合併後の屋久島町でも町長を任されている。

この日は十七郎さんが町長を務めていた時期、屋久町郷土誌編さん委員会のひとりとして『屋久町郷土誌』の編纂をされた西田博隆さんも同席してくれることになった。西田さんが編纂に関わった『屋久町郷土誌』は全4巻にわたって島南部・屋久町の歴史が集落ごとに綴られており、屋久島の生活史を辿るうえではバイブルといってもいい内容だ。各集落の個人史まで掘り下げられていて、驚くことに若松シマさんや酒匂家の人々のことまで記されている。

麗さんが家族で営む安房のカフェバー「散歩亭」でおふたりを待つ。時刻は18時半。散歩亭は安房川の畔に立っているので、窓からはゆったりとした安房川の流れが見える。そんな雰囲気をさりげなく盛り立てるように、小さな音で古いジャズがかかっている。店内にはゆるやかな時間が流れていて、つい取材のことを忘れて芋焼酎を浴びるように呑みたくなってしまう。

そうこうするうちに十七郎さんと西田さんがやってきた。麗さんの紹介で挨拶を交わすと、早速おふたりへの取材が始まった。

お話を伺って初めてわかったことだが、十七郎さんはかつて若松シマさんのお宅のすぐ近所に住んでおり、シマさんとも日常的に会話していたというのだ。

「シマおばあは大きな行事のときは座布団を用意して、そこで正座をして歌っていました。立って歌っている場面は一回も見たことがないですね」

昭和15年生まれの十七郎さんが子供のころの話だというから、おそらく昭和20年代のことだろう。シマさんは明治20年（1887年）生まれなので、当時60代ぐらいだろうか。

さすがにこの時期の屋久島のことを詳細に話せる方は世代的にもかなり少ない。十七郎さんはとても80代とは思えないはっきりとした口調でシマさんの思い出を語る。

「シマおばあが神社の大祭で呼ばれて歌ったり、お客さんが屋久島に来たときに集落から呼ばれて歌ったり、そういうことはあったと思います。シマおばあからは〝まつばんだ〟は自分の家のなかで一番上等な部屋、いわば奥座敷でお客さんをもてなすときに歌うものだ、と聞きました。だから立っては歌わない、と」
「ハレの場で歌うものだったわけですか」
「そういうことですね。安房でも青年団や婦人会が神社の境内で素人芝居をやっていたんです。私の記憶では、そういう場でシマおばあが〝まつばんだ〟を歌ったかというと、ちょっと記憶にない」

そういえば、〝まつばんだ〟の語源には宮之浦の「松葉の座」を由来とする説があるが、シマさんが十七郎さんに話したという「奥座敷でお客さんをもてなすときに歌うものだ」という言葉を信じるならば、座敷で客人をもてなすときに歌われていたのは事実だろう。屋久島以外の島々にも〝まつばんだ〟が伝わっていることを踏まえると、この「松葉の座」説は少々怪しいと言わざるを得ないものの、ひょっとしたら本当に「松葉の座」は存在したのかもしれない。その意味で松葉の座説は必ずしもデタラメともいえないわけで、このあたりが古謡のルーツを探る難しさであり、おもしろさでもある。

いずれにせよ、チェーンソーによる大規模な森林伐採が進む前、古き良き屋久島の姿が残っていた最後の時代の話である。幼かった十七郎少年の目に、60代のシマさんの姿は鮮烈な記憶として刻み込まれた。

「シマおばあは他の集落から馬車で迎えが来て、よそに歌いに行ったという自慢話をしていましたね。そういうときはきっちり着物を着て、おしゃれにしていました。なぜシマさんを迎えに馬車がやってきたのか覚えているかというと、私のころは中学一年まで裸足だったんですよ。小石だらけの道を裸足で歩いていたので、馬車が羨ましかったんでしょうね」

砂煙を上げながら、未舗装の道を馬車がやってくる。安房の一角で止まると、家屋のなかから着物で正装したシマさんが出てきて、馬車に乗り込んだ。馬車はふたたびガタゴトと音を立てながら走り出すと、砂煙の向こう側へと消えていった——。

十七郎さんの話に耳を傾けながら、僕はそんなシマさんの姿を想像していた。島の素朴なおばあの姿ではない。正装で着飾った、集落のスターとしての風格がそこにはあったはずだ。そういえば、麗さんが見せてくれた写真のなかの酒匂シゲさんも上品な着物姿だった。ハレの場で歌われるものだった〝まつばんだ〟の歌い手は、やはり特別な存在だったのだ。

なお、十七郎さんの話によると、シマさんの夫、俵さんは腕のいい猟師であったという。『屋久町郷土誌』には俵さんに関する細かい記述もある。明治38年（1905年）生まれの俵さんは、木挽き仕事のほか、シカやサルの狩猟も手がけた。シカは食用と毛皮、サルは動物園用。島外からの注文に応じて捕獲したという。昭和23年（1948年）、44歳で亡くなり、子供はいなかった。シマさんが亡くなったのは昭和59年（1984年）、享年98歳。つまり、シマさんは夫が亡くなってから30年以上の月日をひとりで生きたのである。

十七郎さんはもうひとり、「チサばあ」という歌い手のことを記憶している。あとで資料を整理するなかでわかったことだが、このチサばあは酒匂シゲさんの妹である川崎イセさんの娘、つまりシゲさんの姪だった。十七郎さんはこう話す。

「明治生まれの人のなかには他にも〝まつばんだ〟を歌える人はいたと思いますよ。ただ、（家族以外の）人前で歌うのを恥ずかしがって歌わなかった人もいたとは思います。特にそういう女性は多かったんじゃないかな」

なお、西田さんは教育委員会在籍時、シマさんの歌を録音している。時代は昭和53年（1978年）ごろ。すでにシマさんは90代を迎えていたが、西田さんはその声に驚かされたという。

「この年でよくこんな声が出るなとびっくりしました。ただ、歌を録っただけで、シマさんとはそこまで話をしなかったんですよ。当時、安房のなかでも〝まつばんだ〟が歌われることはほとんどなかったと思います」

日高十七郎元町長が語るかつての安房集落

十七郎さんと西田さんの話を聞きながら、僕は芋焼酎の水割りを何杯もおかわりすることになった。たった数十分前は「今夜は取材だから控えめにしよう」と決意していたにもかかわらず、その決意はあっという間に覆されてしまった。限られた音源と資料でしか知らなかった安房のスターの姿が、生前の姿を知る方の生々しい証言によってはっきりと浮かび上がっていくのだ。楽しくなってついつい呑みたくなってしまうのも仕方がない。「しかし、嬉しいですねえ。こうやって島のことを掘り起こしてくださるというのは」と話す十七郎さんとの会話はまだまだ続く。

「十七郎さん、昭和20年代の安房の光景は今とはだいぶ違ったんじゃないですか?」

「だいぶどころか、まったく違いますね。昭和20年（1945年）前後はしっかりした住居を構えていた家は少なかったですから。私自身、島内で疎開の経験がありますし、防空壕で生活したこともあります」

「当時は今以上に漁業に関わってる方も多かった?」

「多かったですね。今以上にトビウオ漁が盛んでした。昭和20年代の半ばから与論島からやってこられた方々がトビウオ漁のやり方を伝えてくださった。それが大きかったんですよ。そのころは戦時中の『産めよ殖やせよ』の時代からまもないですから、どこの家庭も子だくさんで、食料事情は当然良くない。安房は田んぼが少ないので、唐芋（サツマイモ）が中心でしたね」

子供のころの十七郎さんにとって、山中は最高の遊び場だった。時期によっては山桃が生り、食欲旺盛な少年たちの空腹をいくらか満たしてくれた。ただし、大人たちから山の怖さも散々聞かされていた。そういうときに決まって言われるのが「山姫が出るぞ」という一言だった。

「山姫がいるので、山に入ったら自分からにこっと笑えと。そうすれば血を吸われない。そういうことは散々聞かされていました」

「出るかもしれないから、山に入るときは笑え、ということですか？　まるで儀式のようですね」

「そうですね。私も山に入るたびにやっていました。山姫の話はみんなしていましたね」

「ところで、山姫を見たことはあったのでしょうか」

「いやー、残念ながらないです。一度ぐらいは見てみたかったですけどね（笑）」

取材は深い時間まで続いた。取材のあいだ、常連たちがひとりまたひとりとやってきては、1杯2杯と酒を酌み交わして帰っていった。いつのまにか客は僕らだけになっていたが、話は尽きることがなかった。

そろそろお開きになろうかというころ、十七郎さんはふと「シゲばあのことはお孫さんたちに聞いたほうがいいと思いますよ」と口にした。

「お孫さんたちが安房に住んでいるんですか？」

「そうそう。あそこの信正さんはお孫さん。あそこのあの人もそうで……」

十七郎さんはそうやって麗さんに一軒ずつ解説していく。さすが安房の生き地引である。「あそこのおじちゃんがお孫さんなの？」――日常的に姿を見かけていた古老たちが〝まつばんだ〟の伝説的な歌い手の子孫であることを知り、麗さんも声をあげている。

おそらく彼らに事前アポをとるのは難しいだろう。直接自宅を訪ね、話を聞いてみましょう。麗さんのそんな提案により、翌日は安房を回ることになった。まつばんだ探検隊の動きもにわかに慌ただしくなってきた。

酒匂シゲの子孫に会う

2020年2月19日、朝。前日に十七郎さんから酒匂家のことを聞いていたものの、まさか取材が叶うとは思えなかった。なにせ電話番号もわからないし、麗さんでさえ話したことがないというのだ。

アナンダ・チレッジで国本さんとコーヒーを飲みながら談笑していると、麗さんから国本さんの携帯に電話が入った。国本さんの「えっ？」という答えから察すると、どうやらその「まさか」が実現してしまったようだ。

「酒匂家の方に取材できそうです。近所を歩いているところを麗ちゃんがキャッチしたようで、『私、やったよ！』と喜んでいました」

さすが麗さん、有言実行の人である。僕らは慌ただしく外出の準備を整えると、いつものように国本さんの車に乗り込んで一路安房へと向かった。

この日に限って、天候は晴れ。気持ちのいい青空が広がっていて、窓を開けると爽やかな風が車内に吹き込んできた。僕らはこれからあの酒匂シゲさんの子孫に会うのだ。いったいどんな話が聞けるのだろうか?

安房の一角に車を停め、約束した場所で麗さんと落ち合う。「じゃあ、いきましょうか」――いまやまつばんだ探検隊のリーダーとなっていた麗さんは、そう言うと平屋の並ぶ路地裏へとぐいぐい入っていく。地元だから気兼ねないのだろうが、僕ひとりならば足を踏み入れることを躊躇うようなプライヴェートエリアである。

一軒の平屋で立ち止まると、麗さんは躊躇なく玄関の引き戸を開け、部屋の奥に向かってこう声をかけた。

「おじちゃん! 散歩亭の麗です!」

横になっていた老人がむっくり起き上がった。シゲさんの孫である酒匂信正さん、昭和12年(1937年)生まれ。数時間前、近所を歩いていた信正さんを見かけた麗さんはその場で声をかけ、話を聞く約束を取りつけてくれていたのだ。玄関先で信正さんとの会話が始まった。

「信正さん、シゲさんのことは覚えていますか」

「そうね……(シゲさんは)長生きはしたほうなの。すごく元気なばあちゃんやった。女3人姉妹でね。そういうことは覚えてるけど、細かいことは覚えてない」

「シゲさんの姉妹も歌っていたんでしょうか？」

「歌っていたと思うよ。名前はわからない。ばあちゃんの歌が残ってるわけ？」

信正さんがそう尋ねると、麗さんがすぐさま「ばあちゃんが歌ったテープが残ってるの。よか歌なのよ。この人はそれを聞いて東京から来たの」と答える。どうやら麗さんは事前に「シゲさんの歌に惚れ込んで取材にやってきた東京の物書き」と僕のことを紹介してくれていたようだ。

「ばあちゃんが歌っていた記憶はあるけど、上手かどうかはよく覚えてないね。酒匂家はね、鹿児島から来たみたいよ。酒匂っていう苗字はもともとここにはないからね。そんなことは聞いたことがある」

「鹿児島のどこか聞いてますか？」

「いや、それはわかんない」

「シゲさんのお父さんは何の仕事をしていたか聞いていますか」

「それは全然知らない。川崎で聞いてみたらいいよ」

「川崎」とはシゲさんの妹である川崎イセさんの孫たちのことのようだ。信正さんのお宅の周辺には親戚一同が今も暮らしている。

「わかりました。では、川崎さんを訪ねてみます。突然すいません」

就寝中に訪ねた無礼を詫びながら引き戸を閉めようとすると、信正さんは僕らを呼び止め、「ミカンをあげるよ、はい」とひとりひとつずつミカンを手土産に持たしてくれた。のちほど一房食べてみると、東京ではまず味わうことができない自然な甘味が口いっぱいに広がった。

「さて、次のお宅に行ってみましょうか」

麗さんはそう言うと、説明もしないままにずんずん集落を進んでいく。僕と国本さんはそのあとをついていく。麗さんが一軒の家の扉をガラッと開け、慣れた感じで入っていくので、僕らも続こうとすると、麗さんはさっと右手で僕らの動きを制した。まずは話をつけてくるつもりらしい。確かに50年以上前に亡くなった祖母のことを訪ねて東京からやってきた男から突然質問攻めにされても戸惑うだけだろう。麗さんは家の中の男性としばらく話をしていたが、やがて寝巻き姿の男性が戸口にやってきた。

日高芳盛さん、昭和11年（1936年）生まれ。シゲさんの孫のひとりだ。芳盛さんの話し口調は屋久島のアクセントが強く、僕は半分ほどしか聞き取ることができない。そのため、麗さんにインタヴュアーをお願いした。

「おじちゃん、〝まつばんだ〟って聴いたことある？　覚えてない？」

「にゃー（いや）。昔の人はみんな歌を歌っとったけどね。酒盛りしながら」

「（シゲさんの写真を見せながら）このおばあちゃん、歌ったり踊ったりしてなかった？」

「してた。このばばの長女も三味線弾きよった。このばばはね、9人ぐらい産んでる。旦那は桜島の人だった」

「桜島の人なんだ！」

「酒匂家はよ、商売をやって財産もいっぱいあって、Aコープのあそこまで全部酒匂家の土地だった」

「なんの商売で儲けたの？」

「味噌も醤油も量り売りをしていた。米なんかもね、升に入れて測って売っていた」

食料品や日用雑貨を販売するよろずやのような感じだろうか。もしかしたら黒糖を扱っていたかもしれないし、喜界島など南方の島々との繋がりもあったかもしれない。

ようやく浮かび上がった3姉妹の姿

芳盛さんからの聞き取りによって、それまでぼんやりとしかわからなかった酒匂シゲさんを中心とするファミリーツリーが浮かび上がってきた。それは大きな収穫だった。『屋久町郷土誌』を参考にしながら整理しておこう。

酒匂シゲさんは明治元年（1868年）4月13日生まれ。昭和44年（1969年）に亡くなっている。泊サトさん、川崎イセさんは妹。残された〝まつばんだ〟の音源のなかに酒匂シゲさんと泊サトさんの復唱が存在するが、ふたりは姉妹だったのだ。どうりで声がぴったりと重なり合っているはずだ。

『屋久町郷土誌』によると、イセさんは明治6年（1873年）10月13日生まれ、昭和45年（1970年）7月20日に98歳で亡くなっている。3姉妹とも長寿だったそうで、芳盛さんによると「3人合わせて300歳を超えた」という。若松シマさんも明治20年（1887年）に生まれて昭和59年（1984年）に亡くなったというのだから、100歳近くまで生きた計算になる。安房の女性は長寿の血筋なのだろうか？


鹿児島港からのフェリーが着く宮之浦と並んで、安房は屋久島における経済の中心地である。宮之浦が屋久島における官庁町だとすれば、安房は島の外部からやってきた商人たちの玄関口でもあった。そのため、他所からやってくる客人たちを迎える宴会も盛んに行われた。彼らをもてなすための酒盛り三味線やいい声を持つ歌い手も必要とされたことだろう。3姉妹の家系に三味線弾きが何人もいたのは、そうした安房の土地柄と無関係ではないはずだ。

3姉妹による唯一の音源と思われる〝屋久島はんや節〟（酒匂しげ、泊佐富、川崎イセ名義）は、そんな安房の宴会の雰囲気を伝える曲である。神々しささえまとった〝まつばんだ〟の歌い回しとは異なり、〝屋久島はんや節〟でのシゲさんはテンポのいい節回しを披露していて驚かされる。きっと安房の夜はこんな風に賑やかに更けていったのだろう。

また、芳盛さんの話では酒匂家は商店をやっていたというが、『屋久町郷土誌』には大正初期に営業を開始し、昭和20年（1945年）に閉店した日用品雑貨・釣具を販売していた「酒匂店」という商店のことが記されている。店主は酒匂友市さん。これもあとからわかったことだが、友市さんはシゲさんの長男だったという。

シゲさんの孫である信正さんと芳盛さんに話を伺ったことで、今まで限られた音源と資料でしか知らなかった伝説的な歌い手に少しだけ近づけたような気がした。麗さんと国本さんと集まった情報を整理しながら駐車場へ向かっていると、シゲさんの親族という方にお会いした。ここではお名前をAさんとしておく。麗さんとは日常的に会話を交わす仲だそうで、Aさんはこう話す。

「（シゲさんのことは）このへんの人はみんな知ってる」

「シゲさんは3人姉妹だったそうですね」

「そうそう。ばあちゃん（シゲさん）が歌って、サトばあが踊って、三味線は川崎のばあちゃん（イセさん）」

バンド風に紹介すれば、ヴォーカルはシゲさん、ダンスはサトさん、三味線はイセさん。Aさんによると「サトおばさんは身体が大きかった」そうで、踊りもダイナミックだったという。さぞかし華やかなトリオだったことだろう。Aさんはこう続ける。

「シゲばあちゃんは小綺麗でシャンとしたおばあちゃんだったよ。着物が似合う人だった。テンゴ（竹の籠）を背負っても、背筋が伸びててね。優しいばあちゃんだったよ」

やはりここでも上品なシゲさん像が語られる。きっとサトさんやイセさんも美しい女性だったのだろう。〝まつばんだ〟はそんな島の女性たちによって歌われていたのだ。

「ところで、酒匂家は商店をやっていたそうですね」

「そうね。黒砂糖を扱っていたという話は聞いたことはある。じいちゃんはこっちの人じゃなかったけど、厳しかったよ。桜島の人って言ったかな」

Aさんの何気ない一言に、僕は拳を握った。黒砂糖を扱っていたということは、薩摩から奄美や琉球へと砂糖を積みにいく「ばい船」との交流もあったかもしれない。麗さんがさらに畳みかける。

「シゲさんたち3姉妹の実家は何の仕事をしていたんだろう？」

「わからないねえ。川崎で聞いてみて」

Aさんのその答えは信正さんとまったく同じものだったが、不思議と挫折感はなかった。酒匂家の突撃取材はここで時間切れとなったが、次回取材の明確な目標ができた。映画でいえば、「Ｔｏ Ｂｅ Ｃｏｎｔｉｎｕｅｄ」という字幕が出るところだろうか。次回はいよいよ3姉妹の実像に迫ることができるかもしれない。そんな手応えを得ることができただけでも大きな収穫だった。

アナンダ・チレッジに戻ったあと、僕と国本さんは今日得られた証言と資料をもとに、酒匂シゲさんを中心とする家系図を制作した。中心となるのはシゲさん・サトさん・イセさんという3姉妹。そこから枝葉を伸ばし、彼女たちの子供や今日話を聞いた孫たちの名前とひとりひとりのメモを添えていく。

それにしても数日前まではシゲさんとサトさんが姉妹だったことさえ知らなかったというのに、彼女たちを中心とする家系図まで作っているわけだから奇妙な話である。酒匂家の方々からすると、どこの馬の骨かもわからない東京の物書きが勝手に自分たちの名前の入った家系図を作っているわけで、なんとも気味の悪い話であろう。〝まつばんだ〟という古謡を追いかけてきた僕らは、いつの間にか屋久島に住む縁もゆかりもない一族の歴史を辿ることになっていたのだった。

歴史学者・鎌田道隆に聞く屋久島と琉球の繋がり

屋久島取材、最終日。僕らは屋久島を代表する知の巨人にお会いすることになった。日本近世史を専門とする歴史学者、鎌田道隆さんだ。

鎌田さんは昭和18年（1943年）、屋久島の楠川集落生まれ。お伊勢参りや近世京都に関する多くの著作があり、奈良大学の学長を務めたあと、大学退任後に屋久島へUターン。奈良大学名誉教授の肩書を持つ一方で、屋久島でも楠川集落に伝わる楠川区有古文書を読み解く講座を行うなど、精力的に活動されている。今回は楠川集落に建つ鎌田さんのご自宅でお話を伺うことになった。

鎌田さんと約束していた時間よりも早く到着したため、集落の中心に構える楠川天満宮を訪れた。この神社は元文5年（1740年）、紀州から菅原道真の木像が流れ着いたことから創建されたと伝えられており、古くは菅原神社と称した。境内はそのまま海へ開けていて、海の信仰と地続きになっているような神社だ。風が心地よく、南国のムードも感じられる。

楠川はかつて物資の交易で繁栄した商港だった。屋久島には安房城をはじめ10以上の城跡が確認されているが、楠川にも戦国時代の大永4年（1524年）、種子島氏の山城が築かれたと伝えられている。麗さんは「楠川は学者になった人が多かったり、インテリの多い集落なんですよ。学問の神様を祀る楠川天満宮があるからかもしれないけど」と冗談めかして話すけれど、確かに歴史ある集落らしい風格を漂わせている。

住所を頼りに麗さん、国本さんと3人でご自宅を探していると、鎌田さんはわざわざご自宅の外まで出て僕らを待ってくださっていた。奈良大学名誉教授という肩書を前に少々緊張していたものの、とてもやわらかい雰囲気の方だ。奥様が出してくれたポンカンを食べながら早速インタヴューが始まった。

鎌田さんは僕らが聞きたかったことを事前に察していたかのように、しょっぱなから重要な話を切り出した。

「明治以降の屋久島は鹿児島のほうを向いてきましたが、その前はどうだったかというと、必ずしも鹿児島だけを向いていたわけではなかったんですよ。今は船も鹿児島からしか来ないし、屋久島の人たちも本土向きになっている。明治以前はどちらかというと南向きだったんです。ただし、屋久島の誰かが琉球王朝と政治的に繋がったりというようなことはなかった。むしろ庶民生活の中で繋がっていたんでしょうね」

「普段の暮らしのなかで繋がっていたと？」

「そうですね。屋久島は集落が小さかったので、生きていくうえでよそのいいところを取り入れざるを得なかったんでしょうね。ご飯を食べるのに生きていけないというわけではなくて、集落の文化を形作るうえでは難しかった。決して排他的ではなくて、むしろ積極的によその文化を取り入れることによって自分たちの村を活性化してきたんです。集落の文化が１０００年以上続いたという奥深さがあるんですよ」

積極的によその文化を取り入れること――さまざまな島民に取材を重ねるなかで、僕らはそうした屋久島の性質を幾度となく確認してきた。与論島の漁師たちが持ち込んだトビウオ漁のやり方、あるいは南方からもたらされたジュクジン網の方法。法華宗や浄土真宗などさまざまな信仰。歌や芸能も島外から積極的に持ち込まれ、やがて島独自の文化として定着していった。鎌田さんはそうした芸能のひとつとして、屋久島各地の盆踊りを例に挙げる。

「屋久島にも各地に盆踊りがありますが、一番多いのは伊勢音頭系です。屋久島の人たちが必ずしも伊勢参りに行ったわけではないけれど、伊勢音頭の影響が入ってきているんです」

鎌田さんは伊勢参りとその周辺文化のスペシャリストである。ついつい寄り道して伊勢音頭を掘り下げたくなってしまうけれど、時間も限られている。琉球など南方との繋がりについて引き続きお話しいただこう。

「江戸時代から伝承されているものでいうと、屋久島に漂着した琉球人の一行が残したと伝えられている湯泊の笠踊りがありますね。あと、ここ楠川の盆踊りの中に〝おてんだー〟という歌がありまして、これも琉歌が元になっているんです」

2章で触れたように、九州から渡ってきた本土型の歌は7775詞型のことが多いが、〝おてんだー〟は一音ずつ多い8886。この詞型は沖縄由来の琉歌に見られるもの。〝おてんだー〟という歌の名自体どこか不思議な響きがあるが、鎌田さんによると、〝おてんだー〟とは「那覇の軍港の中にあった湧水のこと」なのだという。

那覇市歴史博物館のウェブサイトにこの湧水に関する詳細が記されている。那覇港湾内の奥武山に向かい合う小禄の垣花にあった樋川《ひーじゃー》跡を「落平」といい、現地では「ウティンダ」と呼んできた。樋川とは丘陵の岩間から流れ落ちる湧水を取水する井泉のことで、かつて落平は崖の中腹から流れ出て、小滝のように注がれていたらしい。落平の背後の丘陵には松林が広がっており、漢詩や琉歌で詠まれるなど那覇の名勝としても知られていた。

現地の言葉で崖のことは「バンダ」であり、しかもそこには松林が広がっていたというのだから、まさしくこれこそ「マツバンダ」ではないか。そう早合点してしまいそうになるけれど、考えてみればウティンダと〝まつばんだ〟は直接的な関係はないわけで、そこに意味を見いだすのはあまりにも強引だろう。

ただし、那覇港に出入りする船乗りたちが取水のためウティンダに立ち寄ったというのは事実のようだ。当然、屋久島や山川港からやってきた船乗りたちもウティンダに寄り、現地住民と他愛のない会話でもしながら桶に水を汲んだはずだ。

下野さんの『屋久島、もっと知りたい 人と暮らし編』によると、楠川の盆踊りでは6種類の踊りが踊られる。四つ竹、鈴踊り、扇子踊り、手踊り、笹踊り、伊勢音頭。このうち扇子踊りが〝おてんだー〟という異名を持ち、こんな歌が歌われるのだという。

おてんだーの水はよー、サーサー、大和までとーやーあるよ（ソイジャ）
ンダシャレ嬉しや、アラヨイヨイヨー（サーサ）
中島やー、小池よー、サーサー、千尋《せんぴろ》も立つうがよー（ソイジャ）
ンダシャレ嬉しや、アラヨイヨイヨー（サーサ）
朝寝して起きいてよー、サーサー、手水鉢《ちょうずばち》見れーばよ（ソイジャ）
ンダシャレ嬉しや、アラヨイヨイヨー（サーサ）

「おてんだーの水はよー、大和までとーやーあるよ」という歌詞を、鎌田さんは「ウティンダの水を大和に持っていくんだよ」という意味で捉えている。ここでいう「大和」とは屋久島なのか、あるいは山川港なのか、鹿児島港なのか。少なくとも楠川の盆踊りでは、那覇に実在した湧水のことが歌われているのだ。

「ところで、楠川にそのほかに琉球の痕跡はあるんでしょうか？」

「屋久島では3月の節句に雛飾りは飾らなかったんです。屋久島では昭和15年（1940年）くらいに内地からやってきた人が雛飾りの風習を持ち込んで、それを島の人たちが真似するようになったんですね。それまでは『浜でばい』をやっていました」

「浜でばい？」

「浜下《はまお》りともいいます。大潮で水が引く旧暦3月3日、山の神様が降りてきて、海の潮に足を浸して元気をもらって山に戻っていく。それに合わせて村人たちが弁当を持って海辺に行き、神様とご飯を食べる。大人は焼酎を持って宴会をします。それを浜でばいというんです」

「浜でばいは琉球由来の行事なんでしょうか」

「そうなんです。大和型の節句ではなくて、南方系のものですね。集落によってやり方は多少違うんですけど、どの集落もかつてはやっていたと思います。だから、屋久島中に南方系の風習は根付いていたということなんです。他の地域の風習を取り入れて、自分たちのものにしていたと」

海辺で弁当を食べ、酒を飲んで遊ぶと聞くとピクニックみたいな感じもするけれど、元になっているのは沖縄に伝わる清めの行事だという。ちなみに、栗生集落でも浜下りという栗生神社の神幸祭が行われているが、神社の行事としての浜下りは全国各地で行われている。実際に僕も神奈川県茅ヶ崎市西浜海岸で行われる浜降祭という祭りを取材したことがあるが、こちらは各神社の氏子たちが神輿を担ぎ、海へザブザブと入っていくという勇壮な祭りだ。栗生集落の浜下りは、こうした神社の行事としての浜下りの日本最南端とされている。

楠川で行われていた浜でばいは神社の行事ではない。海の潮によって身を清めるという信仰は共通するものだが、南方のより大らかな民間信仰の形を伝えるものといえるだろうか。異なる集落とはいえ、北方と南方の信仰がひとつの島に共存しているというのが実に屋久島らしい。

なお、以前はどの集落でもやっていたという浜でばいだが、楠川でも浜に防波堤ができてからやらなくなってしまったという。鎌田さんは「海と敵対関係になってしまったことが大きいですね。昔は自然海岸だから好きなところでできたんです」と話す。かつての屋久島では海と人の距離が近く、海も生活の一部であった。だが、現在では漁師など一部の島民を除き、そこには（文字通りの）壁ができてしまっているのだ。

北と南のマージナルマンたちが出会う場所

では、屋久島と南方のあいだを行き来していたのはどのような人々だったのだろうか？　マージナルマンたちの足跡については僕なりに調べてきたけれど、鎌田さんはどのように考えているのだろうか。答え合わせをするような思いで質問を投げかけた。

「ひとつはやはり漁業の関係ですよね。カツオは屋久島・種子島近海を通っていくので、初ガツオを取るために阿波あたりからやってくる漁師たちもたくさんいたんです。それと同時に、屋久島の方まで北上してくる南方の漁師たちもいたようです。

もうひとつ、江戸時代は屋久島の屋久杉や奄美の黒糖が薩摩藩の財源だったんです。年貢として取るものもあったけど、それを買い上げて上方へ持っていくことによって利益を上げていた。なかには密輪船もあったようです。屋久島からは屋久杉が大量に密輪されていたことがわかっています。瀬戸内海の古い街の調査をしたことがあるんですけど、屋久杉がかなり出回っていたんです」

「なるほど。漁船だけでなく、物資を輸送する船も行き来していたと」

「そういうことです。今の屋久島では船を持っている人は非常に少ないですけども、昔はとても多かったんです。漁船だけではなくて、運搬船も各集落にあった。楠川古文書のなかには屋久島の人たちが何を購入したのか、細かく書かれているんですよ。食料や畳、襖なんかも買っていたんですが、屋久島には大きな水田がなかったので米も買っていたんですよ。運搬船にはそうした米も積んでいました」

「米を運んでいた船はどこと行き来していたんでしょうか？」

「米は薩摩藩が押さえているので、やはり鹿児島、それも山川や枕崎と行き来していたようです」

「そうした運搬船が琉球方面と行き来することもあったんでしょうか？」

「おそらくあったと思いますね。琉球から航路伝いに荷物を運んできて、屋久島や種子島、もしかしたら宮崎で下ろす。そうした民間の船が何隻もあったんじゃないかと思います」

屋久島はまさに北と南のマージナルマンたちが交差する島でもあった。カツオを追う漁師、屋久杉や米を載せた密輸船の船乗りたち。屋久島の島民たちも山川や枕崎へと頻繁に行き来し、なかには琉球へと出かけていくこともあった。そして、鎌田さんも「おそらく〝まつばんだ〟もそうした交流の中で育まれたものなんじゃないかと思います」と話し、こう続けるのである。

「時化で2晩も3晩も海に出られなくて、地元の漁師と歌を歌い合うなんてこともあったと思いますね。屋久島の盆踊りには遊郭の話もたくさん出てくるんですが、なかには長崎の遊郭の話も出てくるんですね。屋久島の人が長崎に行ったのか、あるいは長崎の人にその話を聞いたのかわかりませんが、そういう交流もあったと思います」

「〝まつばんだ〟は奉行所があった宮之浦の大広間で歌われていた、という説もありますよね。漁師など民間の交流だけじゃなく、役人と島民の間の交流もあったのでしょうか」

「それは当然あったでしょうね。宮之浦に来ていた役人は単身赴任で来ているので、島の女性が身の回りの世話をすることもあったと思いますし。役人が出入りしていたのは奉行所のあった宮之浦だったわけですが、民間の商船は必ずしも宮之浦に寄らなくてもよかった。つまり、好きな港につけて、そこの住人と直取引してしまう。その中で行われていたのが屋久杉の密売だったんです」

「なるほど」

「島民にしてみると薩摩藩より高く買ってくれるから、そういった密輸のほうが金になるんです。

薩摩藩は屋久杉の密売禁止令をずっと出していましたけど、何回発令しても取り締まることができなかった。相当な屋久杉がそうやって島の外に出て行ったんです」

「そういった密貿易に琉球の人たちが関わっていた？」

「その可能性はあると思います」

そうやって鎌田さんの話を聞いていくと、屋久島の各集落のなかでも安房で比較的近年まで〝まつばんだ〟が残っていた理由がぼんやりとわかってきた。奉行所のある宮之浦では薩摩の人間が目を光らせていたが、宮之浦から遠い安房では民間が交流しやすかったのではないか。鎌田さんも「安房にも番所はありましたけど、薩摩の人間がしょっちゅうそこにいるわけではないですからね。民間の家に何泊かしなくてはいけなくなった琉球の人たちがいて、島民と交流する中で伝わることもあったんじゃないかと思います」とも話す。

それまで限られた資料と証言を元に立てていた仮説が、鎌田さんの話によって肉付けされていく。答え合わせの結果もそう悪くはなさそうだ。

ふと部屋の隅に置かれた三味線が目に入った。そこにあるのは三味線だけではない。四角いボディのゴッタンもあるではないか。あべさんが手にしていた、南九州の箱三線である。鎌田さんはこう話す。

「昔の屋久島の家には、何はなくともゴッタンがあったんです。僕が子供のころは、古い家に行ったら大体床の間にはゴッタンがありましたから。昔は屋久島の杉で大工さんがゴッタンを作っていたんじゃないかと思います。屋久杉の香りを嗅ぎながら、棟上げのあとにゴッタンを弾いたんじゃないかな」

「そういうときに〝まつばんだ〟も歌ったのでしょうか」

「それはちょっとわかりませんけどね。ただ、〝まつばんだ〟は各集落で歌われていたんですよ」

〝まつばんだ〟を歌っている場に居合わせたという証言は極めて少ない。酒匂家の人々でさえ記憶にないというぐらいだから、鎌田さんの証言は貴重だ。

「僕が覚えているのは、宴会の場で年寄りが『俺の歌を聞かせっからよ』と言って〝まつばんだ〟を歌う。そういうことは僕の子供のころの楠川ではありました。昔話をするときに昔の歌でも歌ってみよう、と。ただ、どの集落でも〝まつばんだ〟は生活に余裕がある人たちのあいだで伝わってきたということはあると思います。飯を食うのに精一杯という人が〝まつばんだ〟を歌うことはなかったはずです。安房の人たちは農業だけで暮らしているわけでもないですし、ゆとりのある人が多かったんでしょうね」

〝まつばんだ〟は祝いの席で歌われるハレの歌だった。生活が厳しい家であれば、たくさんの人を集めて祝いの席を派手に行うこともままならなかっただろう。島の外からの客人を迎えた宴席を開く余裕もなかったはずだ。シゲさんの孫、日高芳盛さんの「酒匂家は商売をやって財産もいっぱいあった」という証言とも合致する。「ただね」——鎌田さんはそう前置きをしたうえでこう続ける。「使えるものはすべて使ってしまおうという屋久島の気質みたいなものはあったんじゃないでしょうか。南の文化も北の文化も混合し、なおかつ新しいものにはすぐ飛びつくという」
なるほど、確かに腑に落ちる話だ。漁法にしても信仰にしても歌や芸能にしても、屋久島の人々はすぐに飛びつき、島の文化として吸収してきた。北から南からあらゆるものがやってきた境界線上の島だったからこそ、屋久島の人々は外部からやってくるものに対して柔軟に向き合うことができた。〝まつばんだ〟はそんな屋久島気質を象徴するものでもあるのかもしれない。

神様も仏様も流れ着く島

鎌田さんはもうひとつ、栗生集落に漂着した木像の事例を挙げる。ただし、これは100年も200年も前の話ではない。わずか数年前のことなのだ。屋久島経済新聞でそのことが取り上げられているので、少々長くなるが引用してみよう。

屋久島に漂着した木像は道教の女神像か　歴史民俗資料館が保存・展示へ
屋久島南西端の栗生浜で中国・道教の西王母《せいおうぼ》像とみられる木像が発見され、歴史民俗資料館（屋久島町宮之浦）が現在、一般公開に向けて木像の保存処理を進めている。

木像を発見したのは漁師の岡留修己《おさみ》さん。２年前の冬の朝、いつものように栗生浜を歩いていると、フジツボなどが付着した高さ30センチの木像が水際に横たわっていたという。連絡を受けた資料館では、威厳のある見慣れない容姿の像だったため、島民の協力も得て調査を始めた。

２月20日に九州国立博物館（福岡県太宰府市）の望月規史さんが来島し、像を観察した。その結果「顔が黒く、椅子に腰掛けており、中国・道教の神だと思われる。どの神かを特定するには手に持っている玉と花が鍵になる。中国の交易船が航海の安全を祈った媽祖《まそ》神のような娘々《ニャンニャン》神の一種かもしれない。漆を盛り上げて線を描く『漆線』という手法は清朝後期以降のもので、さほど古いものではない」とのことだった。（屋久島経済新聞２０２０年4月14日号）

その後、研究者によってこの像は媽祖ではなく、左手に桃を持った西王母だと特定された。第二次世界大戦より前に作られ、台湾あるいは福建省あたりから漂流してきたと見られている。

鎌田さんはこのニュースについて話したうえで、「屋久島にはそうやって神様も仏様も流れ着くんです」と結論づけた。

「屋久島はもともと山で生きている島といわれますけど、実は昔から海のほうが生活の場であり、海の幸を受け取りながら生きてきたんです。だからこそ山の中ではなく、海沿いに集落を作ったんですね。文化交流も山中ではなかなかできなかったと思うんですよ。今の屋久島の海はコンクリート堤防や消波ブロックができたことで、海藻ができなくなった。海藻ができないということは魚が来なくなるんですよ。魚つき林がなくなれば、魚も寄りつかなくなる」

鎌田さんは〝まつばんだ〟の歌詞を引用しながらこう話す。

「屋久のお岳も宝だったように、海も宝だったんですよ。〝まつばんだ〟は島の暮らしの中心にある気持ちを読み込んでいるわけで、すごい歌だと思いますね」

鎌田さんへの取材は2時間を越えた。それまでの取材や調査で集めてきたピースがひとつひとつハマっていく。もちろん拾い集めた資料が見当違いの場合もあったけれど、雲を掴むような感覚で取材をスタートさせたことを考えると、ピースが必要なものなのか、あるいは不必要なものなのか、鎌田さんのお話によって判別できるようになったことは大きかった。


最後に、僕はひとつだけ確認したいことがあった。それはたびたびキーワードとして浮上する花之江河のことだった。鎌田さんは長時間の取材にもかかわらず、疲れを見せずに花之江河について話し始めた。

「屋久島は神様の島みたいなところですが、花之江河は島の人たちが遊ぶ場所じゃなくて、神様が遊ぶところなんです。神様の遊園地というかね」

「神様の遊園地、ですか。いい表現ですね」

「『三国名勝図会』にも花之江河のことはものすごく詳しく書かれていますしね。それとね、宮之浦には牛床詣所というところがありますけど、楠川にも正木という詣所があります。村人は海岸で禊をして、山に入る儀式を正木でやるんです。山にはさまざまな魑魅魍魎の神々がいるので、集落に入る前に詣所でお祓いをし、俗世間に入る。岳参りでも同じことをしますね」

「つまり、詣所が神々の住む世界と俗世間の境界ということですね」

「そういうことです。詣所の先は神々が住む世界であり、詣所の石碑を拝むんじゃないんです。山全体や大岩みたいな自然全体が対象なんですよ。昔は標石がなくても山を拝み、木を拝み、岩を拝み、谷を拝んできたわけですね。花之江河もそういう場所なんですよ。花之江河で神様が踊っていた、そういう民話はたくさんありますよね」

神々が踊り、遊ぶ場所。やはり花之江河には〝まつばんだ〟の謎を解くヒントがあるのかもしれない。次回屋久島にやってくるときは花之江河まで足を伸ばそう。鎌田さんの話を聞きながら、僕はそう決意していた。

2021年2月、こうして2回目となる屋久島取材が終了した。得たものはあまりにも多く、地図も懐中電灯もない状態で始めた〝まつばんだ〟探検に一筋の明かりが差し込んでくるような充実感があった。

屋久島の世界は足を踏み入れれば踏み入れるほど新しいドアが開き、それまで知らなかった風景を見せてくれる。こうやって多くの人々が屋久島へと移住してきたのだろう。僕にはその気持ちが少しわかるようになっていた。

第７章

３度目の屋久島へ——２０２１年５月

山の世界に足を踏み入れる

〝まつばんだ〟を追いかけ始めてから2回目の春がやってきた。

2度の取材を通じ、僕はすっかり屋久島に魅了されていた。都内の友人と会うと、隙を見つけては屋久島の魅力を語りまくり、その口ぶりはほとんど布教活動のようだった。そういえば、僕と初めて会ったときの国本さんも同じような口調でまくしたてていたものだった。島に魅了された者は似た口調になるのだろうか?

友人と話し込んでいて気づいたことがある。それは屋久島という島の魅力をそう簡単に言葉にすることはできないということだ。自然が美しい。食べ物が美味い。おもしろい人たちがいる。最高の温泉がある。歴史や民俗文化も奥深い。そうやってお決まりの言葉で説明することはできるものの、島にいるときに感じる感覚、ただそこにいるだけで何かが満たされていくようなあの感覚はなかなか言葉にすることができない。水分をたっぷり含んだ島の空気に触れ、島の中央にそびえ立つ山の世界とどこまでも広がる海の世界を同時に感じながら時を過ごすこと。そこで得られる充足感はとても抽象的なものであって、キャッチコピー的な言葉をいくらあてはめてみてもどうもしっくりこないのだ。いくら島の魅力を友人に伝えようと努力しても、最終的には「おもしろい場所だから、一度行ってみて」と説明を放り出すしかなかった。あらゆる感覚が価値化されてしまう東京にうんざりすることも多い僕にとっては、屋久島の持つ抽象的な魅力が心地よかったのかもしれない。訪れるたびに心が潤い、解き放たれていくような気がした。

前回の取材からそう間を置くことなく、僕は次の取材の準備を始めた。過去2回は観光のオフシーズンである冬に島を訪れたが、ここまで屋久島との関係が深くなった以上、春の爽やかな屋久島も体験してみたい。そんな単純な欲求が湧き上がってきたのだ。当初は山に入ることを頑なに拒んでいたけれど、島民たちが愛し、崇め、恐れてきた屋久島の山の世界に足を踏み入れてみたいという気持ちもあった。


3度目の取材は5月に行うこととなり、それまでの準備期間中、僕はひさびさに杉本さんが昭和55年（1980年）に行った〃まつばんだ〃に関する講演のテープを聞き直した。野呂正和さんが作った音源集『屋久島のわらべ唄・民謡　まぼろしのまつばんだ』のディスク2に収められたもので、会場は屋久島の宮之浦総合開発センター、音声の長さは46分52秒。杉本さんはこの講演の年に各集落で民謡調査を行い、若松シマさんの録音を実現している。そのこともあるのか、杉本さんの熱量は高く、今まさに〃まつばんだ〃の根源に触れつつあるという興奮が伝わってくる。

下野さんをはじめとする杉本さんの諸先輩たちの多くは、〃まつばんだ〃が山川港周辺地域からやってきたものだという「山川ルーツ説」を説いている。そこでは開聞岳の麓の松原田集落が故郷とされていて、実際、松原田は地元の言葉で「まつばんだ」と呼ばれている。この周辺で歌われていた歌が船乗りによって南方の島々へ伝えられたのではないか。下野さんたちはそういう説を取っているわけだ。

杉本さんは「山川ルーツ説」に触れつつも、そのメロディーが琉球音階を含んでいることにこだわる。そして、〝まつばんだ〟の源流を屋久島から遠く離れた与那国島の〝スンカニー〟に求めるのだ。ただし、杉本さんは単純な「与那国ルーツ説」を主張しているわけではない。〝まつばんだ〟の歌詞は8886の琉歌調ではなく本土型の7775調であって、そこには確かに本土からの影響が見られるからだ。杉本さんは〝まつばんだ〟のなかで北方と南方の文化が混ざり合っていることも示唆している。

ただし、杉本さんは山川自体がすでに琉球色の濃い土地だったという点には触れていない。ひょっとしたら南方の島々へ伝わる前の段階ですでに〝まつばんだ〟は琉球調のメロディーで歌われていたのではないだろうか？　それが各島に入り、定着していったのではないだろうか。

音階というのはその土地の風土や身体性と密接に結びついたものだ。だから、まったく縁のない音階がひょいと持ち込まれたところで、そう簡単に定着することはない。そもそもその島自体に琉球文化の土壌がなければ、たとえ琉球調の歌が入ってきたとしても、すぐさまヤマト調の音階に置き換えられたはずだ。

つまり、〝まつばんだ〟を迎え入れるだけの琉球文化の土壌が屋久島やトカラの島々にはあったのではないか。そして、そうした土壌を形成し、さらには山川から〝まつばんだ〟を持ち込んだのが、海を自由自在に行き来するマージナルマンたちだったのではないか——僕の見立てはそういうことだ。

〝まつばんだ〟は島々に伝わるなかで、各島でオリジナルなものとなった。宝島では実在する観音堂のことを歌詞に折り込みながら〝トカラ観音主〟という歌になったように、屋久島の〝まつばんだ〟にも屋久島固有の精神性と物語が刻み込まれている。「屋久のお岳をおろかにゃ思うなよ 金のな 蔵よりゃなお宝な」と山々への信仰を説くとともに、「お舟魂さまよな しげくな 旅をば さし給えな」と舟魂に航海の安全を祈る。そこには海や山の神々への思いがあり、郷土への思いがある。そうした思いを歌い継ぐことで、屋久島の人々は先祖と繋がり、子孫へと思いを託してきた。〝まつばんだ〟とはまさに南洋のソングラインでもあった。

3度目の取材でやるべきことはわかっていた。ひとつは屋久島の奥座敷とされる花之江河を訪れること。今回の取材を通してたびたび話にのぼってきた花之江河にはいったい何があるのか。自分の目で確かめないことには、〝まつばんだ〟の背景にあるものが理解できないような気がしたのだ。もうひとつは、前回の取材でタイムアップとなってしまった酒匂シゲさんたち3姉妹の子孫に話を伺うこと。彼女たちがどこからやってきたのか、ソングラインを手繰り寄せることで見えてくるものがあるはずだ。

いつものように国本さんと麗さんと作戦を練り、2021年5月、僕はふたたび屋久島へ向かうことになった。

鎌田さんが話していたように、江戸時代後期の文書『三国名勝図会』には花之江河に関する詳細な記述がある。『三国名勝図会』は江戸時代における薩摩のガイドブックのようなものだが、そのなかで花之江河の解説にかなりの文字数を費やしているということは、江戸時代後期の段階で花之江河が島の外でもある程度知られた名所だったということを表している。

明治38年（1905年）に出版されたものは国立国会図書館のデジタルコレクションで公開されており、誰でも閲覧することができる。全文はさすがに抜き出せないので、現代語訳したうえで特徴的な記述をいくつか拾ってみよう。

花乃江川

湯泊村から北の方八里の山中にある。平内村よりも道がある。江川は方言で「えごう」という。この花江川には小花江川、大花江川の2か所がある。八里の深山の奥にあるため、山を越え谷を渡ること数知れず。道中の危険はいちいち述べるまでもない。その道中半里ほどの間は、岩壁に木を横たえて橋を渡し、あるいは木をかけて梯子とするところがある。さんざん苦労して登ると、果てしなく広がる雲の間にたちまち絶景が現れる。（中略）

さて、大小の花江川はともにシャクナゲの咲く時はあざやかで美しい花々におおわれ、花の香りがあちこちにただよい、仙宮の珠樹玉林にもたとえられるほどである。大小の花江川の川や池や芝原はかつてちりやほこりのあったことがなく、常に掃き清めたようで、遊覧に来た者を驚かせる。この二江川の様子はいわば深山の中に築山泉水を設けたようで、その天然の妙は絵に描くことはできない。ここは神仙の住まう秘区で仙楽を奏ずる清朗な音が聞こえることがあると島人が伝えている。

帰路につくときは、登りのときよりますます危険で、断崖絶壁に目がくらみ自由に下ることができない。そのため梯子から下るように身を後ろにして足を運ぶことになる。このように不思議な霊境の奇勝であるが、僻島の深山の中にあって山路の危険がはなはだしいところなので、たとえ屋久に来た者でも遊覧する者は稀で、その名は世間には知られないが、遊覧した者で手を打ってその奇勝を歓賞しない者はいない。（『三国名勝図会』）

『三国名勝図会』にはこうした文章とともに、仙人が音を奏でる花之江河の図版がレイアウトとされている。僕は鹿児島へと向かう飛行機のなかでその記述を何度も読み直し、現在の光景を想像した。そこではどんなメロディーが奏でられているのだろうか？

この日、鹿児島空港では強い風が吹いていた。案の定、屋久島へ向かう飛行機は欠航の可能性があるとのことで、僕はすぐさまチケットを払い戻すと、代わりに港行きのバスのチケットを購入した。屋久島も3度目ともなると、天候による欠航や遅延は慣れっこになっている。僕の頭のなかには、国本さんからのアドバイスをもとに、常に3パターンぐらいの旅程が用意されていた。バスで港に着くと、今度は高速船トッピーに乗り込んで屋久島へ。約3時間ほどで宮之浦港に到着した。

春の屋久島には、過去2度体験した2月とは異なる華やかな空気が満ちていた。山々は新緑で覆われていて、木々の、生き物たちのざわめきが充満している。

港にはいつものように国本さんが待っていた。

「お疲れさまです」

「お疲れさまです、じゃあ行きましょうか」

前回から3か月しか経っていないこともあって、お互いに特別な感慨はない。僕にとっては屋久島を訪れることがいつの間にか日常になっていた。

いつものように車に乗り込むと、平内まで数十分の道中、早速滞在中の打ち合わせが始まった。初日はゆっくりと過ごし、翌日、花之江河に出かけることになった。ガイドは小原さん、麗さんと国本さんも一緒だ。

麗さんは子供のころ、大人たちに散々脅かされていたため、山に入るのを怖がっていた。彼女にとって山の世界とは、足を運ぶものではなく、遠くから眺め見るものだったのだろう。だが、まつぼんだ探検隊に「花之江河」というヒントをくれたのは、麗さんであり、小原さんだ。だからこそ、僕はこの4人で花之江河を訪れたかった。国本さんを通して花之江河行きを麗さんに打診すると、思いのほか僕らのアイデアを受け入れてくれ、願っていた4人での登山が決定した。

魚のいない川

2021年5月25日（火）

予報では午前中の天候は曇り。夕方にかけて晴れ間が覗くという。早朝に起き出し、寝巻きのまま外に出てみると、生ぬるい風が吹いている。現在の気温は21度。昼には25度程度まで気温が上昇するらしい。登山には悪くない天候だ。

安房の屋久杉自然館で小原さん、麗さんと合流し、1台の車で登山口をめざす。標高1000メートルほど上がると、木道や石張歩道が整備された自然休養林、ヤクスギランドを通過する。そこからさらに標高を上がると、宮之浦岳に登る登山者たちの玄関口となる淀川登山口に到着。装備を整え、7時に登山口を出発した。めざすのは標高1640メートルに位置する日本最南端の高層湿原、花之江河。淀川登山口からは片道4キロの道のりである。

小原さんを先頭に、一歩一歩踏みしめるように登山道を登っていく。道はしっとりと濡れていて、苔むした岩でもうっかり踏んでしまえば簡単に転んでしまいそうだ。

屋久島を代表するガイドのひとりである小原さんの手にかかると、ひとりだったら漫然と通過してしまうであろう風景も情報の宝庫となる。たとえば、1本の屋久杉にもう1本の別の木が寄りかかり、今にも飲み込みそうな光景を前にして、小原さんからこんな質問が投げかけられる。

「大石さん、これ、何の木だかわかりますか」

「飲み込まれそうになっているのは杉ですよね。寄りかかっているもう1本はわかりません」

「これはヤマグルマの木です。トリモチノキとも呼ばれますね。屋久杉にヤマグルマが巻きつく、これが屋久島の森の典型的な光景なんです」

「ヤマグルマが屋久杉を乗っ取ってしまうことはあるんでしょうか？」

「それはないですね。ヤマグルマが屋久杉にすがって成長したといったほうがいいかもしれない。ヤマグルマは豊かな土壌が苦手で、種から芽が出るときに抵抗力が少ないんです。豊かな土壌には微生物がいっぱいいるので、そこから芽を出そうとすると、栄養をもらうどころか栄養にされちゃうんですよ。でも、苔が生えている崖でも日があたればヤマグルマや杉は喜んで生えてくる。このヤマグルマの場合、杉の根元からヤマグルマが生えていて、結果として支え合うことになっているんです」

一見しただけだと気がつかないけれど、ヤマグルマと屋久杉が絡みつくその根元には無数の微生物が住んでいる。ガジュマルやアコウなどは別の植物に巻きつきながら成長することから「絞め殺しの木」などとも呼ばれるが、ヤマグルマは屋久杉と支え合い、無数の微生物と共存しながら成長していくのだ。

また、森のなかにひときわ陽光が差し込んでいる場所があったとする。普通に歩いているとただ日が差し込むエリアがあり、シャクナゲが咲いているぐらいにしか思わないが、そこには大抵巨樹が倒れた跡がある。つまり、巨樹が倒れたことによって新たな風景が広がり、その場所でシャクナゲが美しい花を咲かせているのだ。小原さんはそうやってひとつの風景に込められた情報を解析していく。

5月はちょうどシャクナゲが咲き始める季節でもあった。素朴なピンク色が目に入ると、それだけで明るい気持ちになる。シャクナゲには山の神が宿るとされ、岳参りではその枝を里へと持ち帰るのが慣わしとなっている。そういえば、山姫に出会ってしまった場合、サカキやシャクナゲの枝を振りながら逃げろ、とも言われている。その意味では里に帰るまでのお守りみたいな意味合いもあるのかもしれない。

黙々と歩いていたら、幹に大きな傷が入った屋久杉が目に入った。数多くの屋久杉が伐採された時代、材木になりやすい真っ直ぐな屋久杉は軒並み伐採され、曲がりくねっていたりと不格好なもの、あるいは伐採や運搬が厳しい地形に生えているものだけが残された。なかには斧が打ち込まれたものの、結局伐採を断念してそのままになっているものもある。僕が気がついたのはそのうちの1本だった。その姿はどこか痛々しく、伐採と保護の狭間で揺れ動いてきた屋久島を象徴しているようにも思えた。

たびたび立ち止まっては小原さんの話を聞くというのんびりペースで淀川登山口から約1時間、淀川小屋に到着した。

驚かされたのは、真横を流れる淀川の美しさだ。濁りひとつない清流は川底まで見渡せるほど透き通っていて、どこか現実味がない。小原さんによると、屋久島の川、とりわけ上流にはほとんど魚が住んでいないのだという。滝が多く、急峻な地形に淡水魚が適応できなかったというのが理由らしい。「ここの水、飲めますよ」と小原さんが言うので、川べりに下りて水を汲み、そのまま飲む。ゴクゴクと飲み干してしまいたくなるほど美味い。

登山道ではあらゆる場所で滾々と水が湧いていた。そうした湧き水がやがて川となり、海へ注ぎ込む。湧き水の横には、青々とした苔が岩肌を覆っている。登山道を進むほど、苔は水を湛え、生き生きとしていく。山の世界へ入ると、屋久島が「水の島」であることを何度も再認識させられることになる。

軽快に登山道を進んでいく小原さんは、息ひとつ切らさずこう言う。

「屋久島のいいところは、ひとつの島の中にいろんなものがあるところなんですよ。屋久島のどこが一番好きですか?とよく聞かれるんですが、一番苦手な質問なんです。なかなか1か所に選べないんですよ」

小原さんは心の底から屋久島に惚れ込んでいる。そんな人に「この島のどこが好きですか?」というのは愚問というものだろう。

神々の遊園地、花之江河へ

滝のような汗を流しながら歩き続けるうちに、突然目の前を覆っていた森が途切れた。心地よい風が吹き抜け、美しい湿地帯が広がっている。小花之江河だ。

そこには梅雨の真ん中とは思えない青空が広がっていた。前日まで雨が降っていたこともあって、緑は青々としている。しかも貸切状態。ここまで完璧なシチュエーションはそうそうないだろう。演出されているかのようにウグイスの鳴き声が鳴り響いていて、あらゆる場所から透き通った水が湧き出ている。一口汲んで口に運ぶと、不思議なことにほのかな甘みさえ感じる。

「あっ、おたまじゃくしがおる！」

小さなおたまじゃくしを見つけて国本さんが興奮している。小花之江河は大人も子供に戻してしまう。

登山道が整備される前、ここは決死の覚悟で登らないと辿り着くことができない隠された庭園だった。そんな空間をまさか僕らだけでひとり占めできるとは。まるで神様からのギフトにさえ思えた。

小花之江河には奇妙な民話が伝えられている。題して「小花之江河の女」。

――湯泊集落の猟師、佐々木吹義さんはある年の12月ごろ、雪が降る寒い日にシカとイタチを取るため花之江河へ向かっていた。

佐々木さんは手前の小花之江河で思わぬ光景を目にして息を飲んだ。清流のほとりに、ひとりの女が髪を垂らし、素っ裸で立っているのだ。人里離れた山奥の、しかも里の女はまず登らない御岳の近くである。佐々木さんは咄嗟に山姫を連想した。女の正体を突き止めようと、猟銃を握りしめて近づき、「もし」と声をかけた。飛び上がった女は「猟師さん、撃たんでください」と懇願した。

女によると、小花之江河にも近い高盤岳にお参りするため、水浴をして身を清めているのだという。しかも女は何のためにお参りをするのか、どこから来たのか、一切を明かさない。佐々木さんはこう思う。「何か特別なわけがあって、神信仰に夢中になっているのだろう。こんなところにただひとりできて、なかなか感心な子じゃが、しかし、どうも不思議な女だ。今日はどうも妙な日じゃな」。佐々木さんは猟を諦めて、ひとり山を下りた。その翌日、さらにその翌日も佐々木さんは小花之江河へ行ってみたが、女の足跡はひとつとして残っていなかった。


この民話は『屋久島の民話　第二集』に収められたもので、文末にはこんな注釈が添えられている。「この話は昔話でも伝説でもありません。ごく新しい話です。屋久島では、このような不思議な体験が新しい民話として生まれつつあるのです」

麗さんや鹿島さんから直接奇妙な体験談を聞いているので、こうした現代の民話を聞いても「確かに屋久島ならばそんなこともあるだろうな」と妙に納得してしまう。しかも、舞台はどこか浮世離れした小花之江河である。一面の雪景色であれば、山姫のひとりやふたり水垢離をしていても不思議ではない。

そんな小花之江河からさらに数分歩くと、いよいよ花之江河に到着である。先ほどと同じように突然森が途切れ、広大なスペースが目の前に現れた。小花之江河よりもさらに広大な湿地の上に、緑の絨毯がどこまでも広がっている。その先には標高1831メートルの黒味岳がどっしりと構えている。見るからに聖地の風格があり、「わっ、すごい」と思わず声が漏れてしまう。

花之江河の一角には、黒味岳を見上げるように山川石の祠が並んでいる。小原さんによると黒味岳の山頂に祠はなく、花之江河の祠と黒味岳はワンセットになっているのだという。「土壌調査をしたら木片を燃やしたあとが出てきた」という小原さんの話が思い出された。確かに祭祀をやっていそうな雰囲気のある場所だ。小原さんはこう言う。

「もしもここで何かをやっていたとしたら、湿原祭祀ということですよね」

湿原が聖地とされ、信仰の場所となるケースは日本各地に見られる。金井典美『ものと人間の文化史24 湿原祭祀』には各地の聖地が紹介されていて、花之江河についても「鬼の泉水的な湿原聖地といえよう」と説明されている。「鬼の泉水」とは長野・霧ヶ峰に広がる八島ヶ原湿原の一角のことで、金井はこの本のなかでこのように書いている。

泉水とは庭園のことであって、八島ヶ原の風致がきわめて人工の庭園のように整っているので、山中で鬼が作った庭という意味で名付けたのであろう。鬼とは今日では地獄の餓鬼をまず連想させるが、元来古代の日本では祖霊・亡魂をいい、山の神を意味することもあった。（金井典美『ものと人間の文化史24　湿原祭祀』）

その説明を補足するかのように、小原さんはこう言う。

「九州の場合、山中に湖があり、そのほとりに山を拝むための祠があるという場所は結構多いんですよ。偶然かもしれませんが、屋久島の南端の村からすべての尾根、すべての山道がここに集結しているんです。安房川側から2ルート、平内からもきてたし、尾之間からもきていた。もちろん、栗生からもきていた。集まったというより、ここに山道を集めたんでしょうね」

「栗生だけじゃなく、南部のさまざまな集落の人々がここにやってきて、祭祀をやっていたかもしれない？」

「その信仰がどういうものだったかわかりませんが、その可能性はあると思います。村々からやってきてここで祭祀をやりつつ、御岳参りのようなことをしていたのかもしれません」

「なるほど。そう考えると屋久島のなかでも重要な場所だった可能性があるわけですね」

「そうですね。１８４０年代、屋久島で天然痘が流行した時期、尾之間とここを結んで山々への奉納が行われたんです。この祠にも『疱瘡退散』という文字が刻まれているんですよ。そういった祠は牛床にもありますし、尾之間にもある。昔は宮之浦岳にもあったそうです」

目の前の祠を覗き込むと、そこには「宮之浦所中、疱瘡退散、老若男女、息災延命、祈所、天保十五甲辰年九月大吉日、宮之浦二才中」と刻字されている。天保15年とは1844年のことで、まさに屋久島で天然痘が流行した時期と重なる。かつての島民はこの場所から黒味岳を遥拝し、疱瘡退散を祈念したのだ。

天候は晴天。雲ひとつない青空が広がっている。『三国名勝図会』に記されていたように、ここには確かに仙楽が流れている。少し意外だったのは、あれほどまでに思い焦がれた花之江河が、決しておどろおどろしい場所ではなかったということだ。「シャーマンみたいなおばちゃん」が言及し、小原さんがマレーシアの「生贄の池」と関連づけた花之江河。そこは開放感と明るさに満ち溢れた場所だった。まさに神様の遊園地であり、屋久島の奥座敷。〝まつばんだ〟に刻み込まれた山々への思いが凝縮された場所ともいえるだろうか。

「麗さん、ついに来ちゃいましたね」

「来ちゃいましたね」

山へ入ることに抵抗感があったはずの麗さんも森のなかで解放されているかのように見える。

僕らは花之江河でゆったりとした時間を過ごし、別れを惜しみながら山を下りた。できることならば花之江河で一泊したいぐらいだが、そうもいかない。

道中、麗さんに花之江河の感想を聞いてみた。

「麗さん、花之江河に行ってみてどうでした？」

「〝まつばんだ〟を歌うとき、いつも頭の中に浮かんでくる映像があったんですけど、それが花之江河なのかどうか、確かめてみたかったんです。でも実際に行ってみても、あの映像が花之江河だったのかよくわからなかった。ただ、屋久島の山中ってもっと険しいのかと思っていたら、実際の森はすごく柔らかくて女性的だったんです。それは意外でした」

「僕もそれは思いました。柔らかな空気が流れていて、どこか詣所に近い感じもしました」

「穏やかですよね。もっと男性的で圧倒されるような畏怖にひれ伏す感じなのかと思っていたら、上品で静謐なものを感じました。庭園のように秩序のある美しさというか。あと、山に行くこと自体に浄化作用があるのか、なんだかすごくすっきりしました」

麗さんとそんな会話を交わしながら登山道を慎重に下りていくと、ふたたび屋久杉に斧を打ち込んだ跡が目に入った。ただの窪みに思えるものも、実は斧を打ち込んだ跡なのだ。

屋久島の人々は山の世界に対して愛着を持つと同時に、大木を切り出してきた痛みみたいなものを抱えているように思える。屋久島における人と自然の関係は決して単純なものではなく、島民のなかには「愛着」や「畏怖」の一言では済ませられない複雑な感情が渦巻いているようにも思えた。

そして、それは僕自身が山に入ってみて初めてわかったことでもあった。淀川登山口を登り始めたのが7時。登山道でたびたび立ち止まりながら、登山口に戻ってきたのが15時半。8時間半ほどの短い時間ではあるものの、やはり入らないとわからないことがたくさんあった。ただし、山には「わからないもの」が溢れていて、屋久島を知り尽くした小原さんでさえ、その「わからなさ」に惹かれているように思えた。屋久島の広大な世界をそう簡単に「わかる」はずがない。だからこそ、屋久島はおもしろいのだ。

安房のエンターテイナーたち

2021年5月26日（水）

今回の旅ではもうひとつ重要なミッションがあった。それは前回途中になってしまった酒匂シゲさんのファミリーヒストリーを辿ることだった。前回の取材時、シゲさんの孫たちにたびたび「川崎で聞いてみて」という言葉を投げかけられたが、今回はその「川崎さん」に話を聞かなくてはならない。

改めて酒匂シゲさんを中心とするファミリーツリーを整理しておこう。シゲさんは泊サトさん、川崎イセさんという妹がいた。歌はシゲさん、踊りはサトさん、三味線はイセさん。前回の取材後にわかったことだが、姉妹の実家は安房の日高家という家で、それぞれ安房の家に嫁いでいった。シゲさんの夫は伊太郎さん。もともと桜島の出身で、『屋久町郷土誌』によると昭和2年（1927年）8月7日、64歳で亡くなっている。シゲさんは伊太郎さんのもとに嫁いで酒匂姓になったわけだ。「川崎さん」というのは川崎イセさんの孫たちのことで、彼らは現在も安房に住まいを構えている。

そうした「川崎さん」のうち、話を聞こうと麗さんがアタックしたのが川崎漢二さんだ。前もって約束しても島のじいちゃんはそう簡単にアポを取ることはできない。だったら直接自宅を訪ねて話を聞いたほうがいい。麗さんはそう判断し、当日漢二さんの自宅を何度か訪ねたようだが、外出していてなかなかキャッチできなかったという。

「それでね、結局あそこのおばちゃんから携帯番号を教えてもらったんですよ。ちょうどパチンコ屋に行っているみたいで。夕飯には自宅に帰ってくるはずだから、このまま車の中で待ってみましょう」

麗さんの提案どおり、僕らは車の中で漢二さんを待つことになった。ほとんど刑事の張り込みのようだ。

しばらくすると、駐車場に軽自動車が入ってきた。麗さんひとりが車を降り、軽自動車を運転していた男性に声をかける。漢二さんだ。踊り好きのおじちゃんとして安房では有名人らしく、見た目からも明るい性格が伝わってくる。漢二さんがかぶっているのは「ＯＫＩＮＡＷＡ」という刺繍の入ったキャップ。麗さんの目配せを確認し、僕らも漢二さんの元に駆け寄ると、麗さんは早くもインタヴューを始めていた。

「散歩亭の麗です。イセばあについて少し話を聞きたいんだけど……」

「イセばあ？　いとこの川崎茂文のほうがよく知ってる。電話してみよか？」

「うん、電話してみて」

漢二さんのいとこということは、イセさんの孫であることに変わりはない。漢二さんは茂文さんに電話をかけてくれるが、どうも繋がらないということで直接会いに行くことになった。漢二さんの車に先導され、茂文さんのご自宅に向かう。あっという間に話がまとまり、僕と国本さんはいくらか面食らった状態で麗さんについていく。これもまた前回の取材と同じだ。

2台の車で細い路地を入っていく。茂文さんのご自宅に到着すると、畑仕事をしていたのだろう、作業着姿の茂文さんが僕らを出迎えてくれた。漢二さんが何やら説明し、続いて麗さんが話をまとめる。さも数日前から約束されていたかのようにインタヴューが始まった。


川崎茂文さんは昭和8年（1933年）生まれ。川崎イセさんの孫のひとりだ。シゲさんから見ると妹の孫、つまり姪孫《てっそん》にあたる。まずは麗さんが切り出す。

「酒匂のシゲばあちゃんが〝まつばんだ〟という歌を歌ってたでしょ？　このふたりは〝まつばんだ〟のことを知りたくて取材してるの。サトさんとイセさんもシゲさんと一緒にやっていて……」

そうやって麗さんが僕と国本さんのことを紹介していると、近所に住んでいるという若い漁師がやってきて、「川崎さん、これ！」と丸々と太ったトビウオを数匹、茂文さんの奥様に手渡した。

奥様は「お兄ちゃん、ありがとうね！」と威勢のいい声で返す。まさに屋久島の日常である。

さて、取材を再開しよう。

「イセさんはどんな方だったんですか？」

僕がそう尋ねると、漢二さんの「優しかったよね」という言葉に茂文さんがこう続ける。

「きちっとした性格の人でね。3姉妹仲がよくて、高齢になってからもイセのところによく集まっていました」

茂文さんによると、3姉妹は高齢になってからもお互いに敬語で話していたのだという。前回の取材時、ルミさんはシゲさんのことを「上品な人だった」と回想していたが、サトさんとイセさんもまた上品な雰囲気を漂わせた方だったのだろう。『三国名勝図会』に書かれた「(屋久島は）産業が豊かなので、女性の服装・化粧も素朴ではなく普通の田舎風ではない」という一節がふと思い出された。

「そういえば、こんな写真もあるんですよ」

茂文さんの奥様が昔の写真を持ってきてくれた。小さなプリントだが、そこには僕らがずっと見たかった光景が写し出されていた。畳の敷かれた広間に15人ほどが集まっていて、ひとりの女性が三味線を抱えている。何かの祝いの席なのだろうか。茂文さんが写真を解説する。

「これ、私が撮ったの。これが私の祖母、イセです。顔が半分ぐらい隠れているけど、こっちがサト。で、これがシゲです」

一枚の写真に3姉妹が写っていることに僕は興奮した。『日本民謡大観』にも3人の写真が掲載されているが、この写真はかつて〝まつばんだ〟が歌われていたハレの場の光景を切り取ったものなのだ。3姉妹の前で三味線を弾いているのは、イセさんの三女である竹元チサさん。茂文さんによると、昭和29年（1954年）ごろに撮られたものと思われ、撮影場所は川崎茂則宅。茂則さんはイセさんの息子で、茂文さんの叔父にあたる。茂文さんが続ける。

「私のいとこが自分の嫁さんを島に連れてきて、親戚に紹介したんですよ。顔見せみたいな感じ。こういう祝い事のときには親戚が集まって、三味線を弾いて歌うのが慣わしでした」

「祝い事になると、シゲさんたちが歌うのが決まりだったのでしょうか」

「ばあちゃんたち以外も歌ったり踊ったりしてましたけどね。ただ、歌と踊りと三味線をやる3姉妹は他にいなかったと思いますよ」

「安房でも有名な3姉妹だった？」

「うん、そうかもわからんね。家の外で聞いてる人も何人かおったね。どこかで呼ばれると、ばあちゃんはよく三味線を担いで出かけていきました」

家の外でも近隣住民が歌や三味線に聞き惚れていたというのだから、シゲさんたち3姉妹もまた、若松シマさんと同じように安房集落のスターだったのだろう。三味線を担いで颯爽と出かけるその姿には、少年時代の十七郎さんが見たというシマさんのエピソードも重なる。

なお、漢ニさんの母、ヤスさんも三味線の名手だった。ヤスさんは明治36年（1903年）、長崎生まれ。イセさんの息子である茂樹さんと結婚後、昭和23年（1948年）に安房へやってきた。『屋久町郷土誌』には20歳ごろから三味線を始め、昭和40年（1965年）ごろまでは宴会などにお呼びがかかっていたと書かれている。

また、『屋久町郷土誌』には竹下マサ子さんという人物のことも書かれている。茂文さんによると、マサ子さんは茂則さんの奥さんの妹、いわば親戚のひとりだ。そのまま『屋久町郷土誌』の文面を抜き出してみよう。

竹下マサ子：大正10年（1921年）生まれ。18歳ころから弾き覚え、昭和20年代には酒宴に欠かせない人物となった。「三味よし、唄よし、器量よし」の三拍子そろったもてもての売れっ子。昭和32年（1957年）、鹿児島市小川町で火災にあい焼死した。

『屋久町郷土誌』の証言からは、戦後になってから宴会で演奏する三味線奏者のニーズが増えている様子が窺える。イセさんたちも旅館の宴会に呼ばれて演奏することはあったのだろうか？　茂文さんはこう答える。

「いや、それはなかったと思います。聞いたこともない。あくまでも身内でやるだけで、商売としてはやっていなかったはずです」

「お祭りに呼ばれて歌いに行くこともなかったですか」

「それもなかったですね」

3姉妹のような明治のごく初期に生まれた世代は、基本的に身内の宴席だけで歌や踊りを披露していた。だが、戦後になると、仕事や観光のため島外からやってきた人々のための宴会が増加。本格的な花柳界がない安房では、三味線の技術を持つヤスさんらは重宝されたのだろう。だが、そうした3姉妹の娘・嫁世代は〝まつばんだ〟を歌うことはなかった。少なくとも安房ではここで伝承の線が切れてしまったと思われる。

茂文さんによると、イセさんたちが宴会で〝まつばんだ〟を歌っていた記憶もないという。

「〝はんや節〟や〝伊勢音頭〟〝鹿児島おわら節〟は歌っていたけど……〝まつばんだ〟と聞いてもどうもピンとこないんです」

茂文さんの発言にある3曲は、いわば島外の観光客やビジネスマンでも知っているような、当時のお座敷のスタンダードともいえる民謡だ。高度経済成長期に入って宴会が増えるなかで〝まつばんだ〟のようなローカルな祝い歌が歌われなくなり、誰もが知る〝はんや節〟や〝伊勢音頭〟だけが残ったということなのかもしれない。

そもそも〝まつばんだ〟が歌われていたのは、通常の宴会よりも儀礼的なニュアンスの強いハレの場だった。時代が変遷とともにコミュニティーが変わり、祝いの席が変わるなかで、〝まつばんだ〟は歌われなくなっていったのだ。

もうひとつ、『屋久町郷土誌』で初めてわかったことがある。それはかつての安房には芸達者な人々が生きていたということだ。『屋久町郷土誌』に書かれた文面を引用しながら、安房の三味線名人を何人か紹介してみたい。

阿久根喜三左衛門――鹿児島県加世田出身。酒盛り三味線の名人であった。後述する三味線弾きの中には、阿久根に師事した人も数人いる。生年不明。

柳田勝五郎――明治元年（１８６８年）生まれ。生まれつきの盲目。浄瑠璃三味線がうまく、義太夫節の弾き語りを得意としていた。

泊マツ――明治14年（１８８１年）生まれ、昭和43年（１９６８年）没。板三味線（ゴッタン）で稽古を積み、旅芸人の芝居の手伝いをした。浄瑠璃演奏を得意とし、日高嘉一とのコンビは集落行事には欠くことのできない存在であった。

泊綾子――大正13年（１９２４年）生まれ。芸達者な家系で芸域も広い。昭和36年（１９６１年）に飲食店「みちしお」を開業し、安房における三味線文化を支えた。

茂文さんは阿久根喜三左衛門のことをはっきりと記憶している。生年不明でしかもこの古風な名前ということもあって明治以前の生まれかと思ったら、イセさんより20歳ほど年下ではないかとのこと。肉屋を営んでいたが、昭和30年過ぎに島を引き揚げて、その後は音信不通らしい。いずれにせよ、安房にはこうした芸達者な人物が何人もいたわけである。

茂文さんはイセさんの姉、泊サトさんのことをこう記憶している。

「サトはね、口の芸もしてましたよ。口を変な風に動かしてみんなを笑わせるの。口芸っちゅうんですかね？　おもしろいおばあちゃんでしたよ」

泊サトさんはシゲさんとともに〝まつばんだ〟を歌った音源が残されているが、踊りの名手であり、集落のエンターテイナーでもあった。

僕はサトさんに関するこの話を聞いて、『三国名勝図会』に書かれた「万の供養」という風習のことを連想した。この風習は1年に1万匹カツオを釣れたことのお祝いであり、そのなかで〝千じょ万じょ〟という歌舞が踊られたとされる。これは67歳以上の老女が舞うもので、老女は少女の化粧を施して手拭いをかぶって仮装したという。『三国名勝図会』には「他の土地の人がこれを見れば、腹を抱えて笑う」と書かれている。

笑いはいつの時代も最高のエンターテインメントである。ひょっとしたら泊サトさんは3姉妹の「お笑い担当」だったのかもしれない。

3姉妹のルーツがついに判明

僕はどうしても諦め切れず、先ほど玉砕した質問をもう一度茂文さんに投げかけた。

「やはり〝まつばんだ〟は茂文さんの世代でも聴く機会はなかったんですね」

「そうですね。私たちの前の時代は知りませんけど、私は記憶はないです。まったくない」

さきほど以上に強い断定である。漢二さんも茂文さんの言葉に頷いている。

〝まつばんだ〟は昭和1桁生まれの茂文さんの世代でさえ触れる機会がない「幻の歌」だった。少なくとも安房においては、3姉妹のように明治初期生まれの世代が、生活のなかでまつばんだを歌っていた最後の世代だったのだ。

日高十七郎さんは若松シマさんが〝まつばんだ〟を歌う場面を記憶している。また、楠川の鎌田さんも幼少時代、大人たちが〝まつばんだ〟を歌っていたことを覚えている。だが、いずれも昭和20年代のことである。シゲさんたち3姉妹もそのころには〝まつばんだ〟を歌わなくなっていたのかもしれない。

昭和32年（1957年）、林野庁は屋久杉の立木の伐採を解禁し、大規模な伐採が行われるようになった。高度経済成長期の波は屋久島にも押し寄せ、都市部へと人口が流出した。コミュニティーが変われば、歌われる歌や地域の風習も変容する。そのころにはすでに〝まつばんだ〟は3姉妹の世代の記憶のなかだけに生きるものとなっていたのだろう。

ついに〝まつばんだ〟の歌い手である酒匂シゲさんとその姉妹の子孫に話を聞くことができたという感慨があった。だが、それとともに、3姉妹の世代が数十年前に亡くなってしまった以上、〝まつばんだ〟を巡る生の証言にはもはや触れることができないという現実をあらためて突きつけられた感じがした。

話の隙間を見計らったかのようなタイミングで、茂文さんの奥様が冷たいアイスコーヒーとカルピスを持ってきてくれた。僕はカルピスを選び、ぐいっと流し込む。屋久島の空気のなかで飲むと、カルピスまで普段以上に美味しく感じられる。

次の質問が最後になるだろう。〝まつばんだ〟に関する話はこれぐらいにして、幼少時代のことでものんびり聞いてみよう。そんな感覚で、僕は茂文さんにこんな質問を投げかけた。

「ちなみに、イセさんたちのご実家はどういったお仕事をされていたんですか？」

茂文さんの回答は思いのほかはっきりとしたものだった。

「海運業をやっていたみたいですね。鹿児島と屋久島を行ったり来たりして、物資を運搬していたようです。私は祖母からそう聞いています。父親もそう言っていました」

「海運業ですか！　沖縄にも行ってたんでしょうか？」

「沖縄はどうでしょうねえ。鹿児島港なのか山川港かわからないけど、いずれにせよ鹿児島のほうだと思います。ただ、私が子供のころにはもうやっていなかった。私が生まれるずっと前の話でしょうね」

日高家は海運業を家業としていた！　日高家自体、黒潮の上を行き来するマージナルマンだったのだ。

3姉妹の実家がいつごろから海運業をやっていたのか、茂文さんでさえわからない。ただし、シゲさんたち3姉妹は海を行き来するマージナルマンの家系に育ち、おそらく母親や祖母が歌う琉球風の〝まつばんだ〟に幼少時代から親しんでいたことは間違いない。シゲさんたち自身、ある時期までは家や集落の祝い事で〝まつばんだ〟を歌うこともあったはずだが、戦後になると歌う機会もなくなってしまう。だが、存命中はそのメロディーを記憶の中に留め続け、研究者がやってきたときには子供や孫たちさえ知らない琉球風の歌を歌ってみせたのである。

茂文さんの話をもとに推測を広げていくなかでわかったことがいくつもあった。

ひとつは〝まつばんだ〟があくまでも家族間の祝いの席などプライヴェートな場で歌われていたということだ。3姉妹以前の世代では、役人をもてなす宴会で披露されることもあっただろうが、そうした宴会の場も閉ざされたプライヴェート空間であることに変わりはない。

そうした空間で歌われていたことも影響しているのか、現在残されている〝まつばんだ〟の音源は、いずれも目の前の人に向けて歌っているような静かな歌唱法だ。マイクなど音響設備のない環境で歌われていた盆踊り歌の場合、会場中に声を届けるため声を張り上げて歌われることが多く、そうした環境が歌唱法に影響を与えることもある。だが、〝まつばんだ〟の場合、ひっそりと、目の前の相手に切々と歌われるような感覚があるのだ。どこか子守歌にも近く、小さなスペースで少人数の聴衆に向けて歌われていたことを偲ばせる。

〝まつばんだ〟には無数の「小さな物語」が刻み込まれている。どこかの家系のファミリーヒストリー、あるいは宴会など極めてプライヴェートな場の物語。もしくは屋久島に生きた名もなき人物の生涯。そうしたなかに琉球人の物語が混在していて、それが琉球音階となって現れた。そういうことなのだと思う。

安房の古い地図を見ると、〝まつばんだ〟の最後の伝承者のひとりであった泊伝市さんは、シゲさんの長男である酒匂友市さんのお隣に住んでいたようだ。ひょっとしたら泊伝市さんもシゲさんの歌によって〝まつばんだ〟を知ったのかもしれない。少なくとも安房ではそうしたプライヴェートなつき合いのなかで〝まつばんだ〟は伝えられていたのだ。

だが、小さな世界のなかで歌い継がれていたからこそ、〝まつばんだ〟は細く長く残った。シゲさんは戦後〝まつばんだ〟を歌うことはなかったかもしれないけれど、生涯を通してその歌を記憶し続け、昭和42年（1967年）、屋久島総合学術調査の要請に応じて〝まつばんだ〟を録音した。その録音を杉本信夫さんが見つけ、のちに屋久島高校の野呂さんへと託した。そうやって人の手から手へと渡されてきたものが、いま麗さんやえぐさゆうこさんのもとに辿り着いているのである。

〝まつばんだ〟はあらゆる場で歌われたが、労働のなかで歌うようなものではなかった。特別な場の特別な歌だったのだ。激しく音程が上下する歌だったこともあって、技術のある人しか歌えなかったということもある。だからこそ時代の変化を乗り越えることができず、ある段階で途絶えてしまったともいえる。

いずれにせよ、3姉妹が現役最後の世代であったことは間違いない。イセさんの孫世代でさえ〝まつばんだ〟は知らなかったわけだが、生前の3姉妹を知る茂文さんたちの話を通じて、〝まつばんだ〟の実像がよりクリアになったという手応えがあった。

時刻は夕刻を迎えようとしていた。茂文さんも漢二さんもそろそろ夕飯の時間だ。取材を終わらせないといけない。突然の訪問にもかかわらず、貴重な話を聞かせていただいた礼を述べて後片付けをしていると、それまで茂文さんの話を静かに聞いていた奥様がしみじみとこう言った。
「それにしても3人とも長いこと生きたね。やっぱり姉妹がおったからやろうね。3人で支え合っていたから」

後片付けをしていた麗さんが「歌や三味線が慰めになったんだろうか？」と尋ねると、茂文さんはこう答える。
「自分たちだけじゃなくて、みんなを楽しませるというのかな。そういう考えはあったんじゃないかな」

自分たちだけじゃなくて、みんなを楽しませる。エンターテインメントの基本ともいうべき力強い言葉だ。3姉妹はやはり安房のスターであり、エンターテイナーだったのだ。

別れを惜しむように最後の会話を交わしていると、突然豪雨が降り始めた。僕らはその雨に急かされるように車に飛び乗り、慌ただしく安房を出発した。なにせひと月のうち35日雨が降るといわれる屋久島である。スコールに打たれることは慣れっこになっていたはずなのに、そのときの雨だけは何か別の存在が降らせているような気がしてならなかった。ひょっとしたらあの豪雨は「このあたりで終わらせておきなさい」というまつばんだ様の思し召しだったのだろうか?

命を祝福する歌

こうして3回目の屋久島取材は終了した。花之江河に足を踏み入れ、〝まつばんだ〟の伝説的な歌い手のルーツも辿ることができた。伝承歌の謎を解く旅に明確なゴールは存在しないけれど、ひとつひとつの「歌の道」を辿ることで、〝まつばんだ〟に込められた屋久島の精神には触れることができたはずだ。

では、今後〝まつばんだ〟はどのように受け継がれていくのだろうか? これまでに集めたさまざまな証言と資料の山を前にしながら、僕は東京の自宅でひとり、そんな難題に向き合っていた。

古謡に「パブリックなもの」と「プライヴェートなもの」があるとすれば、〝まつばんだ〟は後者に分類されるだろう。もちろん「プライヴェートなもの」がレコード化されたり、プロの民謡歌手のレパートリーになることで「パブリックなもの」になることもあるけれど、〝まつばんだ〟は幸か不幸か、そのように広い注目を集めることはなかった。閉ざされた空間でひっそりと歌われてきた歌という意味で、〝まつばんだ〟は母が子へと歌いかける子守唄と同じ「プライヴェートな歌」だった。

そうした歌の多くは、〝まつばんだ〟と同じようにある時代を境に伝承が途切れ、消え去ってしまった。人と人の関係性が変わり、コミュニティーが変容すれば、歌や地域の風習は消えていく。それは屋久島だけでなく、世界中どこでも起こりうることだ。

だからこそ、いくつかの家庭のなかだけで伝わってきた〝まつばんだ〟が、近年になって家から持ち出されつつあることは重要な意味を持っている。かつて目の前の人に向けて歌われていた〝まつばんだ〟は、今、島の外に向けて歌われつつある。屋久島はこんな場所だよ、という思いも込めて。

ただし、そうした外部への意識は、時に「私たちをこのように見てほしい」という願望とも結びつきかねない。こうした傾向はちょっとした危うさも秘めている。海外で日本文化を紹介するとき、過剰な和風テイストに寄ってしまったり、海外ウケする「日本」をみずから演じることによって、実像から離れてしまう危うさとも似ている。

酒匂シゲさんや若松シマさんの歌からは、「私たちをこのように見てほしい」という願望みたいなものが一切見られない。無欲であり、無我の歌といってもいいかもしれない。数十年後、僕のような東京在住の物書きがその歌声に涙するなんて想像すらしていなかっただろう。だからこそ、シゲさんやシマさんの歌は美しい。歌が歌のまま存在している。

その美しさとはシゲさんやシマさんそのものの美しさと結びついたものであり、なおかつそれは彼女たちが育ったコミュニティーが育んできたものでもあった。だから、〝まつばんだ〟を生み出したコミュニティーや歌の習慣が失われた今、誰もシゲさんのような歌を歌うことはできない。残念ながら、これははっきりしている。

屋久島での取材を終え、東京に戻ってきてからしばらく経ったころ、僕はとあるニュースを知ることになった。2020年11月から屋久島島内の時報として使われていた〝まつばんだ〟のメロディーが、2021年12月、それ以前から使われていた童謡〝夕焼け小焼け〟に戻されたというのだ。

その理由ははっきりしないが、〝まつばんだ〟に馴染みのない集落の住民から何らかの声が寄せられたことは想像に難くない。〝まつばんだ〟に対する愛着は集落によって異なるし、縁のない集落からしてみると、「親しみのない歌を、まるで『屋久島を代表する歌』といった具合に時報で流されても困る」といったところだろうか。彼らが疎外感みたいなものを感じたとしても不思議ではないし、集落ごとの独自性が強い屋久島において、島全体を代表する古謡として〝まつばんだ〟を捉え直すのは、やはり限界がある。時報変更のニュースによって、そのことを再認識させられた。

島のテーマソングではなく、あくまでもひとりひとりの心のうちに〝まつばんだ〟を育むこと。そうやって「歌の道」を受け継いでいくことでしか、〝まつばんだ〟を継承していくことはできないとも思う。

その意味では、自身も安房で生まれ育ち、曽祖父母の代はおそらくシゲさんたちとも交流していたであろう麗さんが〝まつばんだ〟を歌うことは自然なことでもある。実際、麗さんは杉本さんから「酒匂シゲさんも安房、若松シマさんも安房。安房のあなたが〝まつばんだ〟を歌っていきなさい」と言われたらしい。

杉本さんからのそんな言葉に対し、〝まつばんだ〟を歌い継ぐ覚悟ができていなかった当時の麗さんは「私は絶対イヤだと思っていた」という。そんな重責を担うなんてまっぴらだ、私は私の歌を歌いたい。その気持ちはわかる。僕だってもしも10年前に「〝まつばんだ〟の本を書かないか」と依頼されていたら断っていたことだろう。

大学時代を東京で過ごし、屋久島へと戻ってきた麗さんは、長い時間をかけて屋久島で生きる覚悟を決めた。そのなかでようやく〝まつばんだ〟に向かい合えるようにもなった。そこには島で生まれ、島で育った麗さんならではの複雑な心情があるはずだ。

とはいえ、〝まつばんだ〟と屋久島という故郷をどう捉えるか、麗さんの気持ちはまだ揺れ動いているようにも見える。東京に帰ってきてからしばらくして、麗さんにふたたび花之江河について尋ねたことがあった。

「花之江河に登った直後は『私も山登りができた！』みたいな嬉しさがあったんですが、時間が経つにつれ、やっぱり私はもうあそこへは行かなくてもいいかな、と思えてきました。『人間は入らなくてもいい場所じゃない？』という気持ちなんですよ。やっぱり私にとって屋久島の山の中は、神様の領域のような気がするんです」

実は僕も花之江河に登ったあと、同じような感覚を抱えていた。花之江河は信じられないほど美しい場所だった。確かにそこには仙楽が奏でられていたし、〝まつばんだ〟の原点があった。

だが、そこは神々の遊び場であって、僕のような人間が軽々しく踏み込んではいけない場所なんじゃないか。あくまでも直感的なものではあるけれど、10年ほど前、宮古島のとある御嶽を訪れたときにも同じような感覚が湧き上がってきて、逃げるように御嶽から離れたことを覚えている。それが畏怖であり、畏敬の念ということなのだと思う。

そうした感覚は屋久島の部外者だからこそ感じたものだとばかり思っていたのだが、島生まれの麗さんも同じように感じていたのだ。確かに屋久島の中心にはそうした「踏み込んではいけない神々の領域」がある。だからこそ島の人々は――岳参りなど特別な日を除いて――山の世界に入るのではなく、里と山の世界の境界線から遥拝した。麗さんは花之江河に足を踏み入れたことで、改めてそのことに気づかされたのだ。

そういえば、あべさんは〝まつばんだ〟のような島の伝承歌を歌ううえで「文化の搾取みたいなことは絶対にやりたくない」と話していた。考えてみると、その感覚とも近いのかもしれない。島のある領域に踏み込み、地域の財産を好き勝手に切り取って外部へと持ち帰る、その暴力性みたいなもの。僕はこの本の取材を進めるなかで、自分の行動が無意識のうちにまとってしまう暴力性に気づかされることになった。

僕は今回、郷土史をひもときながら酒匂家の家系図まで描いた。ひとつひとつの線が繋がることで〝まつばんだ〟の背景にあるものがじわじわと浮かび上がるような喜びを感じたものの、その一方で、他人のファミリーヒストリーに土足で踏み込むような、どこかいたたまれない感覚もあった。島の暮らしを「屋久島はこういう場所です」と切り取るときの身勝手さ、暴力性とどう向き合うことができるのか。取材を進めれば進めるほど、僕はその問題に直面することになった。

そんなとき、麗さんが僕にこう言った。

「あの歌がどこから来たのか、どんなときに歌われていたのか、確かにそれを知りたい気持ちもあります。でも、私にとってはそんなに重要なことではないんです。あの歌詞に込められた先人の精神性に触れたことで、これまで蓋をしていた自分のアイデンティティーを突きつけられた気がしました。私は、どう格好つけてもここで育った屋久島人なんだなって。だから大切なのは〝まつばんだ〟の歌詞にしたためられた島民の心であって、島を、故郷を慈しむ気持ちなんです。金も財宝も何もないけど、この原風景こそが私たち島民にとっての宝なんだと。

それは確かに知りたいけど、それよりもあの歌詞に集約された島民の気持ちが大事だと思うの。〝まつばんだ〟は島の精神的な宝だと思うし、みんな心の話をしたいんだと思う」

あの歌詞に集約された島民の気持ち。それは山や海への思いであり、大切な人への思いでもある。だが、その思いとは決して単純なものではない。麗さんはこう話す。

「子供たちに〝まつばんだ〟を伝えるとき、『1番は目を瞑って自分のなかの神様に向けて、2番は目を開けて自分以外の誰かにに向けて歌ってみて』と言うんです。それは、私が詣所の不思議な体験で教わったことでもあります。あのとき、あまりに美しい自然現象を目の当たりにして、気づくと自分の内なる存在に向けて歌っていました。歌というより、〝まつばんだ〟という祈りを唱えていたんです。そのとき初めて本当の〝まつばんだ〟を掴んだ気がしたの。

この島の人たちがあの歌を細々と歌い継いできたことにはやっぱり何かの意味があると思います。ときには宴会で歌ったり、これまでいろんなシチュエーションで歌われてきたと思うんですけど、自分の心の中に向けても歌っていたからこそ歌い継がれてきたんじゃないかと思っていて。生きているといろんなことがあるけれど、島にはこんなに宝があるじゃないか――自分たちでそう確認しながら歌ってきたんじゃないかな」

そこまで話して、麗さんはこう続ける。

「わたしは、ここに生を受けただけで満たされているんだ。〝まつばんだ〟を歌っていると、そんな感覚が芽生えてくるんです」

この言葉は、老師、あるいは釈迦が解いた「知足」、すなわち「足ることを知ること」という教えにも通じる。京都・龍安寺の蹲踞《つくばい》に刻まれた文字に習えば、「吾唯足知」(われ、ただ足るを知る)だ。ここに生まれたことを肯定し、命を祝福する。それは祝い歌の原点でもあるだろう。

そういえば、麗さんは僕にこんな話をしてくれたことがあった。

「頑張って草むしりしても、ひと雨降ると元どおりになるし。最初から自然には敵わないことがわかってるんですよね。だから『自然に身を委ねながら生きていこう』という感覚をどこかに持っていないと、やってこれなかった気がする」

なるがままに／あるがままに生きること。〝まつばんだ〟には屋久島のそんな精神性も写し込まれているのかもしれない。

先にも触れたように、杉本信夫さんは〝まつばんだ〟のルーツについて『『まつばんだ』の音楽的性格はまさに沖縄のスンカニー、ナークニーと相通じる『情歌』であり、それが北上したものとわたしには考えざるをえないのである」（「屋久島の『まつばんだ』考　琉球音階の北上か」）と書いていた。宮古列島・八重山列島に伝わる〝スンカニー〟系統の歌を〝まつばんだ〟のルーツとしたわけだが、この系統の歌は〝多良間ションカネー〟（宮古・多良間）や〝どぅなんスンカニー〟（与那国島）に象徴されるように、役人と現地妻の別れを歌ったものが多い。

僕には杉本さん説に則って宮古列島・八重山列島に伝わる〝スンカニー〟系統の歌を〝まつばんだ〟の直接のルーツとすることはできないけれど、そこで描かれている情景が〝まつばんだ〟の背景にうっすら取り込まれているように思えてならないのだ。海に出る漁師たちを見送る思い。あるいは岳参りのため山の世界へ入っていく人に対する思い。旅の安全を祈る思いが〝まつばんだ〟の根底に横たわっているのではないだろうか。島から島へと渡り歩く海民たちは、出会いと別れを繰り返し、そして次の島をめざした。そうしたマージナルマンたちの情感もここには刻み込まれているように感じる。

ただし、これはあくまでも僕の解釈する〝まつばんだ〟にすぎない。屋久島やトカラ列島の島々でさまざまな〝まつばんだ〟が歌われたように、それぞれの土地の〝まつばんだ〟を歌えばいいのだとも思う。

5章で書いた言葉を最後にもう一度繰り返しておこう。ソングラインとは祖先との対話であり、道に迷わないための、あるいは自分が何者か忘れないための道筋でもある。歌と人の関係性を結び直すことによって、我々が今後進むべき道が明らかになっていくのかもしれない。

屋久島の歌い手のひとりである長井三郎さんは、僕との対話の最後にこんな話をしてくれたものだった。この言葉を本章の最後に置いておこうと思う。

「〝まつばんだ〟のなかで『屋久のお岳をおろかにゃ思うなよ 金のな 蔵よりゃなお宝な』と歌われているように、自分にとっての宝をそれぞれ見つけて欲しいと思ってるんですよ。お金では換算できない心みたいなもんだったり、自分のことを自然に生かされてる存在だと認識したり、そういうことがすごく大事だと思うんです。この歌がそういうことに気づくきっかけになったら本当に嬉しいですよね」

最終章　島から島へ

指宿・松原田集落にまつわる謎

屋久島から高速船に乗って鹿児島港に向かう。宮之浦港を離れてからしばらくの間、船は上下に揺さぶられるが、やがてその揺れは収まり、高速船は波を切り裂きながらスムースに前進していく。

そうやってしばしの時間を過ごしていると、前方になだらかな山影が目に入った。ゆったりとした曲線からすぐさま富士山を連想するが、これは「薩摩富士」とも称される開聞岳のシルエットだ。この開聞岳の麓には松原田という集落がある。ここまでに何度も書いてきたように、地元の人々の間でこの集落は「まつばんだ」と呼ばれていて、僕らが追いかけ続けている〝まつばんだ〟という歌はどうやらこの集落と関係しているらしい。

屋久島を舞台とするこの本のエンディングとして、この松原田集落について少し触れてみたい。話を聞かせてくれたのは、指宿市教育委員会の歴史文化課文化財係に務める新垣匠さんだ。新垣さんはもともと沖縄県の出身。熊本の大学に進学し、大学院を卒業後、3年前に指宿にやってきた。九州本土と沖縄の交流を専門とする研究者だ。新垣さんはこう話す。

「山川港は5700年前に火山が噴火してできた港で、3700年前から4000年前の縄文時代後期には、沖縄・奄美との繋がりが考えられる土器が山川港付近から出ているんです。沖縄とは縄文時代から何らかの交流があったようですね」

ここまでに何度も触れてきたように、薩摩藩にとって山川港は琉球貿易の拠点となる場所であった。琉球侵攻のための軍船もここから出港し、南方をめざした。

薩摩半島南部にさまざまな港があったにもかかわらず、なぜ山川港が玄関口に選ばれたのだろうか。

「天然の要衝という立地のよさはあったと思います。今でも海が時化たときの船の避難場所にもなるぐらいですから。中世になると坊津《ぼうのつ》のほうに貿易の拠点が移るんですが、近世になってふたたび山川に戻るんですね。薩摩藩も琉球との貿易に関しては、幕府に内密に行っていた部分もあって、奄美大島や徳之島から黒糖を密売して財をなしていたんです。山川港はそうした密売の拠点にもなっていたと思われます」

指宿の宮ケ浜には濵﨑太平次という豪商もいたし、山川には河野覚兵衛がいた。濵﨑家は代々海運業を生業としていて、太平次は琉球との交易によって財をなした。覚兵衛もまた奄美・琉球から得た黒砂糖や交易品を大阪方面に運び、巨万の富を得ていた。

南西諸島の島々を行き来しながら薩摩と琉球を繋いでいたのは、彼らのような豪商たちだけではなかった。

慶長14年（1609年）の琉球侵攻によって薩摩藩の附庸《ふよう》国となった琉球は、国王が変わるごとに謝恩使《しゃおんし》を江戸へ送り、江戸の将軍が変わるたびにそれを祝う慶賀使《けいがし》を送ることが義務づけられた。琉球国王が幕府へ派遣した彼らのような使節のことを琉球使節と呼ぶ。琉球使節は「江戸上り」とも呼ばれ、寛永11年（1634年）から嘉永3年（1850年）までの216年間に18回実施された。

琉球使節は山川港に立ち寄る際、開聞岳を祭神とする枚聞神社に立ち寄った。その証拠に、枚聞神社には琉球使節が奉納したとされる扁額が残されている。新垣さんはこう話す。

「山川港から枚聞神社までほぼ一直線のルートがあるんですが、そのルートの上に利永や大山といった集落があって、今でも利永では琉球傘踊り、大山では琉球人踊りという芸能が続けられています。こうした芸能は、道中の人々が琉球使節の踊りを真似て始めたのではないかとされています」

松原田集落は、山川港から枚聞神社までのルートとそれほど離れていない。集落の人々が生涯何度か風変わりな踊りを踊る琉球使節の一団を目にしていたのは間違いないだろう。そもそも松原田集落は琉球人のコミュニティーがあった山川港近辺のエリアからもさほど離れていないし、琉球文化に日常的に触れていた可能性もある。

ところで、地元の人々は「松原田」のことを本当に「まつばんだ」と呼んでいるのだろうか？新垣さんはなんと事前に地元の方に確認をとってくれたそうで、重要な証言を明かしてくれた。

「現地の方に聞いてみたんですよ。『松原田集落についての取材を受けるんですけど、松原田は方言でなんと読みますか？』と。そうしたら『まつばんだだよ』とはっきり言っていました。『屋久島に〝まつばんだ〟という民謡があるそうなんですよ』とお伝えしたら、『おお、方言や』とも言っていましたね」

「じゃあ、〝まつばんだ〟という言葉のルーツが松原田集落にあるのは間違いないですね。それにしても松原田という集落は指宿のなかでも特別な意味のある集落なんでしょうか？」

「合併して指宿市になる前、松原田集落は開聞町に属していたので、開聞町の郷土史を読んでいるところなんですが、今のところ特別な意味があるという記述は見つかっていないですね。石塔（松原田観音寺跡石塔群）が残っているぐらいなんですが、それも中世の石塔なので、琉球や屋久島と関係している可能性は低いかと思います。

　指宿は基本的に漁港が多くて、松原田も漁港からはさほど離れていないんですね。自分の想定にすぎないですけど、漁業関係の方が松原田と何らかの関係があったのかもしれないですね。いずれにせよ、信仰的な繋がりというよりも暮らしのなかでの交流を通じて歌が伝わった可能性はあると思います」

「ちなみに、松原田集落に都合よく歌が残っていたりはしないですよね？」

「探してみたんですが……今のところは見つかっていないですね」

　新垣さんの知るかぎり、松原田集落で〝まつばんだ〟という歌のことを知る人物はいないという。それもそのはずだ。仮に松原田で〝まつばんだ〟の原型となる歌が歌われていたとしても、それは遥か前の時代である。そもそも松原田で〝まつばんだ〟という名の歌が歌われていたとは限らない。

松原田および周辺の地域で歌われていたものが南洋の島々に伝わるなかで、「それ、どこの歌？」

「山川の〝まつばんだ〟よ」

なんて会話が交わされ、いつのまにか歌の名自体が〝まつばんだ〟になったのかもしれない。もしくは山川港周辺に松原田出身の人物がいて、その人物が歌っていた歌が〝まつばんだ〟として伝わっていったのかもしれない。それを突き止めることはもはや不可能といっていいだろう。

屋久島の北方に浮かぶ黒島に〝まつばんだ〟が？

すべての原稿を書き終えたころ、僕らはとある重要証言を入手した。最後の最後、ゴール間際での出会いに「まつばんだ様はそう簡単にゴールテープを切らせてくれないのか」といくらか戸惑ったものの、〝まつばんだ〟を巡る極めて重要な証言である。本書のボーナストラックとして最後に紹介しておきたい。

僕らに貴重な証言を伝えてくれたのは、神戸大学大学院に所属し、薩南諸島の芸能や歌を調査している人類学の研究者、荒木真歩さんだった。荒木さんは２０２０年の7月から薩摩半島南端の沖合に浮かぶ硫黄島で調査活動を始め、その後種子島や屋久島で調査を行った。硫黄島で八朔太鼓踊りの調査を続けるなかで、荒木さんは同じ三島村に属する黒島へと足を運ぶことになる。

三島村のウェブサイトによると、黒島の人口は2019年8月の時点で181人。島の内陸部には標高622メートルの櫓岳を最高峰とする山々が広がっていて、海岸線は断崖絶壁が続いている。複数の滝も名所となっている自然豊かな島だ。

黒島でも古風な八朔の踊りが踊られており、それを見にいったとき、荒木さんは島民に何気なく屋久島で調査を行っていることを伝えたのだという。その言葉に島民はこう答えた。

「屋久島にも〝まつばんだ〟があるんでしょ？　黒島にもあるんだけどね」

そのときの会話はそこで終わった。だが、荒木さんのなかで何かが引っかかった。屋久島を訪れた際、「琉球音階の北限は屋久島である」という定説を聞かされたこともきっかけとなって、荒木さんは黒島に伝わる〝まつばんだ〟を探るべく島を再訪することになるのだ。

そこで出会ったのが、大正14年（1925年）生まれの日高政行さんだった。黒島の大里集落に住む政行さんは、集落の祭事・神事を司る太夫《たゆう》の家系で育ち、政行さん自身かつては太夫を務めたという人物。夏ともなると政行さんのお宅の庭で集落の盆踊りが行われ、政行さんも幼いころから歌と踊りに触れてきたのだという。荒木さんはその政行さんから聞き取り調査を行い、大里集落に伝わっていた盆踊りのなかに〝まつばんだ〟のメロディーと「松番田」という言葉が隠されていたことを発見するのだ。

ひとつは「あらいたわし」という女性の盆踊りにおける退場の歌で、島ではシキハと呼ばれている。荒木さんは屋久島の島民向けにまとめた説明書がわりのレポートのなかで『三島村誌』に掲載された歌詞を引用している。

松番田もだんだんござるよー
永田オー松番田は調子の良かナー
屋久に下るなら 船頭《せんず》して下れヨよー
朝のナー濡れ綱も手にゃ取らぬナー
朝のナー濡れ綱も手にゃ取らぬナー
（盆踊り「あらいたわし」のシキハ）

政行さんはもう1曲、「川原やなぎ」という男性の盆踊りのシキハでも〝まつばんだ〟のメロディーが歌われていたことを記憶している。

黒島で〝まつばんだ〟が歌われていたことは杉本さんも論文で触れている。ここまでに触れてきたように、〝まつばんだ〟は南西諸島の広い範囲で歌われてきたわけで、黒島や竹島にその痕跡が残っていたこと自体に大きな驚きはない。

だが、荒木さんのすごいところは、日高政行さんという黒島最後の歌い手に辿り着き、直接聞き取り調査をしたことだ。そして、荒木さんはその歌声を録音しているのだ。

その音声を聞いて僕はひっくり返ってしまった。90代とは思えないほど声も歌もしっかりしているし、何よりもその歌があきらかに僕らの知る〝まつばんだ〟なのだ。それも酒匂シゲさんの録音に近い古風な〝まつばんだ〟。「ドッコイ ドッコイ」というかけ声が入るが、「チョイサヨ バイサヨ」という〝まつばんだ〟のかけ声にそのまま置き換えることもできそうだ。

政行さんは自宅の庭で踊られる盆踊りを通じてこの歌を聴き、現在まで記憶してきた。そんな方が荒木さんのような研究者と出会えたこと自体、奇跡ともいえるだろう。酒匂シゲさんや若松シマさんが人生の最後に杉本信夫さんと出会い、歌を吹き込むことができたのと一緒だ。荒木さんはこう話す。

「私も実際に歌っていただくまで、ひょっとしたら〝まつばんだ〟という名前のまったく別の歌なんじゃないかとドキドキしてたんですけど、歌っていただいたらまさに〝まつばんだ〟でホッとしました」

ただし、黒島でそのメロディーを記憶している人物は、政行さんをはじめ数えるほどしかいない。昭和30年代に生まれた政行さんの息子さん、覚《さとる》さんですら「あらいたわし」や「川原やなぎ」を踊った記憶はないというから、継承としてはおそらく戦後まもない時期に途絶えたと思われる。

とはいえ、屋久島では暮らしのなかで〝まつばんだ〟を継承してきた世代が昭和40年代から50年代にかけて鬼籍に入り、いったん継承が途絶えたことを考えると、黒島のケースは奇跡ともいえる。太夫の家系で祭事を司ってきた大里集落のシステムのおかげでもあるけれど、やはり90代にしてお元気な政行さんの存在が大きい。

ところで、「あらいたわし」のシキハにはなぜ「屋久」という言葉が入っているのだろうか。おそらく「永田」も屋久島の永田集落のことだろう。そのことを尋ねると、荒木さんは僕がまったく知らなかった黒島と屋久島の交流について話し始めた。

「私も歴史的にしっかり調べたわけではないんですが、三島村の島民は物々交換のために屋久島や口永良部島まで行っていたそうなんですね。硫黄島は平地が少ない地形のうえに、硫黄岳のガスのせいで農業ができない。そのため、近海でイカを取って、口永良部島で作ったお米と交換するためにポンポン船で口永良部まで行ったという話も聞きました。日常生活レヴェルでもよく屋久島や口永良部島に通っていたようなんですよ」

屋久島よりもさらに薩摩半島に近い黒島だと、山川や鹿児島港との行き来のほうが多いのではないかと思い込んでいたが、実は南方との行き来も珍しいことではなかったのだ。

荒木さんによると、黒島や硫黄島からは屋久島の島影がくっきり見えるそうで、「屋久島は山が高くて目印にもなっていたので、その山影をめざして屋久島へ船を走らせていたんでしょうね」とも推測する。そうした心情的な近さが「屋久に下るなら船頭して下れヨよ」という歌詞に表れたのだろう。

人々はそうやって島から島へと渡り、物資と共に歌を届け、時には交換し、共有してきた。そして、人から人へと歌い継ぐなかで各島固有の物語と精神を刻み込んできたのである。

なお、屋久島では「琉球音階の北限は屋久島である」という説が定説となっているが、少なくとも日高政行さんが歌う「あらいたわし」のシキハは明らかに琉球調であり、その説はいったん保留しておいたほうがいいだろう。〝まつばんだ〟は薩南諸島以南のあらゆる島で歌われてきたわけだし、いまや「琉球音階の北限」を定義すること自体がそれほど重要だとは思えない。

黒島の〝まつばんだ〟にまつわるこの話は、あくまでも本書のボーナストラックにすぎない。今後、荒木さんの調査研究によって多くのことが明らかになっていくはずだ。南西諸島における海民の交流史はまだまだ多くの謎を秘めている。

あとがき

歌の本質はいったいどこにあるのか。この本の取材を進めるなかで、常にそう自問自答していたような気がしている。

僕はここで〝まつばんだ〟を伝え、歌った人々の個人史を綴ろうとしていたのだと思う。郷土史にさえ載っていないような小さな物語を拾い集めること。島の外部に生きる人間として、そうした物語を繋ぎ合わせ、そこから浮かび上がってくるものに目を凝らすこと。

ただし、本書の軸をなしているのは、あくまでも「彼らの物語」であって、「僕の物語」ではない。この本は屋久島に住む人々の物語に部外者である僕が触れた結果でもある。

屋久島の物語は必ずしも島民だけが繋いできたわけではない。琉球や山川、与論島からやってきた海民たちや薩摩藩の役人たち。あるいは屋久島に導かれてやってきた移住者たち。彼らが紡いできたものも物語の一部を形成している。屋久島の個人史は実に多様で、島の内部と外部を巡る関係もまた決して単純なものではない。だからこそ、〝まつばんだ〟のように多層的な歌が育まれてきたのだ。

屋久島を愛し、島の精神を綴り続けた山尾三省もまた、島の外からやってきた移住者のひとりであった。彼は1999年夏に琉球大学で行った集中講義でこんな話をしている。

自分の一生を賭けても学びつくせないほどの宝が、屋久島というひとつの小さな島の中にあります。一生どころか、もう一回もし生まれ変わったとして、二生を賭けてもやはり学びつくせない、十回生まれ変わってもおそらく学びつくせないほどの宝が、たった周囲百キロほどの小さな島の中に秘められていると思うんですね。(山尾三省『アニミズムという希望 講演録 琉球大学の五日間』)

島の宝について歌い、賛美する〝まつばんだ〟という歌自体が、「一生を賭けても学びつくせないほどの宝」のひとつであることは言うまでもない。三省が語るように、たとえ10回生まれ変わったとしても〝まつばんだ〟のことを学び尽くすことはできないだろう。あとがきを書いている今ですら、「屋久のお岳をおろかにゃ思うなよ 金のな 蔵よりゃなお宝な」という一節に込められたものの大きさに僕は慄いてしまうのである。

本書の制作にあたってご協力いただいたすべてのみなさんに感謝します。
僕らを最後まで導いてくれた「まつばんだ様」と屋久島の神々にも——。

2022年7月 大石始

■『屋久島経済新聞』2020年8月28日号掲載、
「屋久島のダイビングスポットにクジラ漂着　11メートルの巨体に島民騒然」(屋久島経済新聞)
■『屋久島経済新聞』2020年11月6日号掲載、「屋久島町の時報に民謡『まつばんだ』伝統継承を目的、
高校生が発案から演奏まで」(屋久島経済新聞)
■『毎日新聞』2010年1月16日号掲載、
「男性不明 古井戸の底から遺体 栃木の小学校跡地」(毎日新聞)
■長井三郎『屋久島発、晴耕雨読』(新泉社)
■『望星』1982年6月号所収、長井三郎「追いつめられた照葉樹林」(東海教育研究所)
■『朝日新聞デジタル』2016年5月7日掲載、「縄文杉の50年 1969　立ち上がる青年」(朝日新聞)
■『朝日新聞デジタル』2016年5月13日掲載、「縄文杉の50年 1982　伐採ストップ」(朝日新聞)
■『かごしま 文化の表情 第7集（わらべ歌・民謡編）』(鹿児島県環境生活部文化振興課)
■十島村誌編集委員会・編『十島村誌』(十島村)
■須藤豊彦『日本民俗歌謡の研究』(国学院大学)
■久保けんお『南日本民謡曲集』(音楽之友社)
■屋久町教育委員会・編『屋久町郷土誌 第二巻 村落誌中』(屋久町教育委員会)
■野地恒有「移住漁民と移住漁業 与論島漁民の屋久島移住とその漁撈技術」(国立歴史民俗博物館)
■南日本新聞社・編『与論島移住史 ユンヌの砂』(南方新社)
■山本高一『鰹節考』(筑摩叢書)
■真栄平房昭『旅する琉球・沖縄史』(ボーダーインク)
■『屋久町民民俗文化財調査報告書3 屋久町の民俗II』(屋久町教育委員会)
■「屋久島に春を呼ぶ栗生神社の浜下り　400年の伝統、現在に伝える」
屋久島経済新聞 2020年2月28日
■下野敏見『南九州の伝統文化 第1巻 祭礼と芸能、歴史』(南方新社)
■下野敏見・編『屋久島の民話 第二集 日本の民話38』(未来社)
■下野敏見『鹿児島ふるさとの昔話2』(南方新社)
■下野敏見『南日本の民俗文化誌4 屋久島の民俗文化』(南方新社)
■監修・生命の島『屋久島一周 里のイラストマップ』(生命の島)
■那覇市歴史博物館ウェブサイト 那覇市内史跡・旧跡案内
■『屋久島経済新聞』2020年4月14日号掲載、
「屋久島に漂着した木像は道教の女神像か　歴史民俗資料館が保存・展示へ」
■金井典美『ものと人間の文化史24 湿原祭祀』(法政大学出版局)
■三島村誌編纂委員会・編纂『三島村誌』(三島村)
■荒木真歩「三島村黒島大里の『まつばんだ』についての報告」
■山尾三省『アニミズムという希望 講演録 琉球大学の五日間』(野草社)

参考文献

■日高旺『黒潮のフォークロア 海の叙事詩』(未來社)
■「屋久島町第二期人口ビジョン」(屋久島町)
■「屋久島への入込者数等の推移」(環境省)
■『環境社会学研究5』(環境社会学会) 所収、長井三郎「屋久島を守るということ」
■屋久杉自然館ウェブサイト
■山尾三省『聖老人 百姓・詩人・信仰者として』(新泉社)
■林芙美子『浮雲』(新潮社)
■杉本信夫「屋久島の『まつばんだ』考　琉球音階の北上か」(沖縄国際大学南島文化研究所)
■服部龍太郎『民謡紀行全集 第3巻 南海の潮鳴り』(河出書房新社)
■池田弥三郎・宮尾しげを編『民謡歴史散歩第4(九州・沖縄篇)』(河出書房新社)
■『地域・人間・科学 2009年3月 第12・13号』(鹿児島純心女子短期大学 江角学びの交流センター) 所収、
小川学夫「奄美における本土系民謡」
■下野敏見『吐噶喇列島民俗誌 第一巻 悪石島・宝島篇』(文照社)
■『薩摩の海の玄関口 山川港まちあるき』(指宿市観光協会)
■『沖縄国際大学文学部紀要 社会学科篇』所収、
石原昌家「屋久島における糸満漁民の生活史」(沖縄国際大学文学部)
■下野敏見『屋久島、もっと知りたい 人と暮らし編』(南方新社)
■『三国名勝図会』
■屋久町郷土誌編さん委員会・編『屋久町郷土誌 第四巻 自然・歴史・民俗』(屋久町)
■屋久町誌編纂委員会・編『屋久町誌』(屋久町)
■『上屋久町郷土誌』(上屋久町教育委員会)
■下野敏見『トビウオ招き 種子島・屋久島・奄美諸島トカラ列島の民俗』(八重岳書房)
■『琉球と日本本土の遷移地域としてのトカラ列島の歴史的位置づけをめぐる総合的研究』所収、
真栄平房昭「境界を越えた海民・海産物の交流史」
■『最新版 沖縄コンパクト事典』(琉球新報社)
■『沖縄県史 各論編4 近世』(沖縄県教育委員会) 所収、
真栄平房昭「琉球海域における交流の諸相 海運・流通史の視点から」
■岩倉市郎・編『薩州山川ばい船聞書』(アチックミューゼアム)
■『竹富町史 第二巻 竹富島』(竹富町役場)
■中松竹雄「琉球方言辞典」(那覇出版社)
■『日本近世生活絵引 南九州編』(神奈川大学日本常民文化研究所非文字資料研究センター) 所収、
上原兼善「鹿児島城下の琉球館」
■宮本常一『宮本常一著作集16 屋久島民俗誌』(未来社)
■野地恒有『移住漁民の民俗学的研究』(吉川弘文館)

大石始

1975年、東京都出身。世界の音楽・地域文化を追いかける文筆家。旅と祭りの編集プロダクション「B.O.N」主宰。著書・編著書に『盆踊りの戦後史』『奥東京人に会いに行く』『ニッポンのマツリズム』『ニッポン大音頭時代』『大韓ロック探訪記』など。

南洋のソングライン
――幻の屋久島古謡を追って

2022年11月11日　第1刷発行

著者　大石始
発行者　国本真治
発行所　キルティブックス／キルティ株式会社
〒891-4406 鹿児島県熊毛郡屋久島町平内349-69

歴史民俗考証　長井三郎（屋久島「民宿晴耕雨読」オーナー）
荒木真歩（神戸大学大学院国際文化学研究科）
取材コーディネート　緒方麗

装丁・デザイン　宮澤大起
表紙装画・挿絵　nakaban
地図製作　尾黒ケンジ
校正　坂本由佳
印刷製本　藤原印刷株式会社

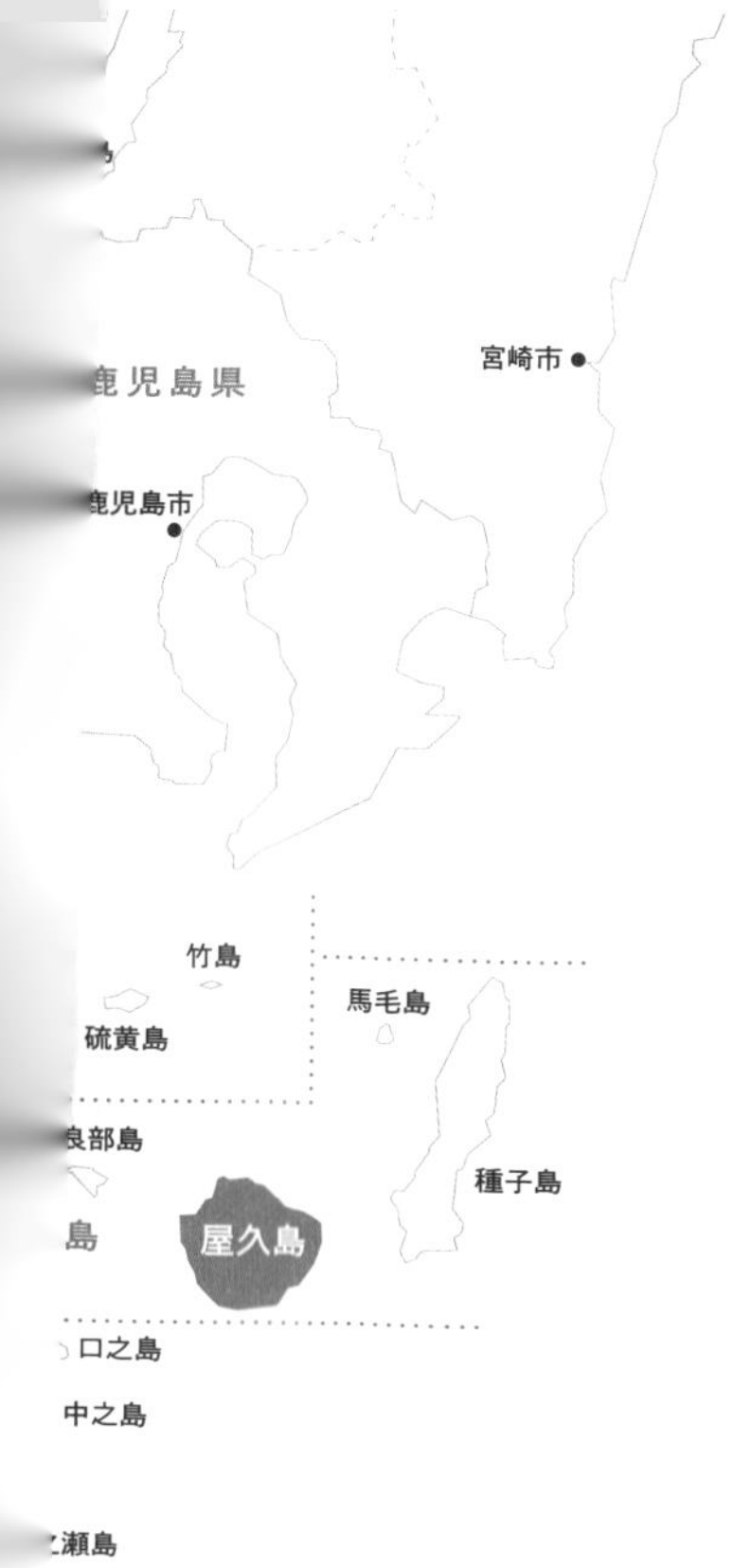

右下２人目から上に向かって川崎イセさん、泊サトさん、酒匂シゲさんの3姉妹。
左側で三味線を持っているのが竹元チサさん。昭和29年（1954年）ごろの撮影。

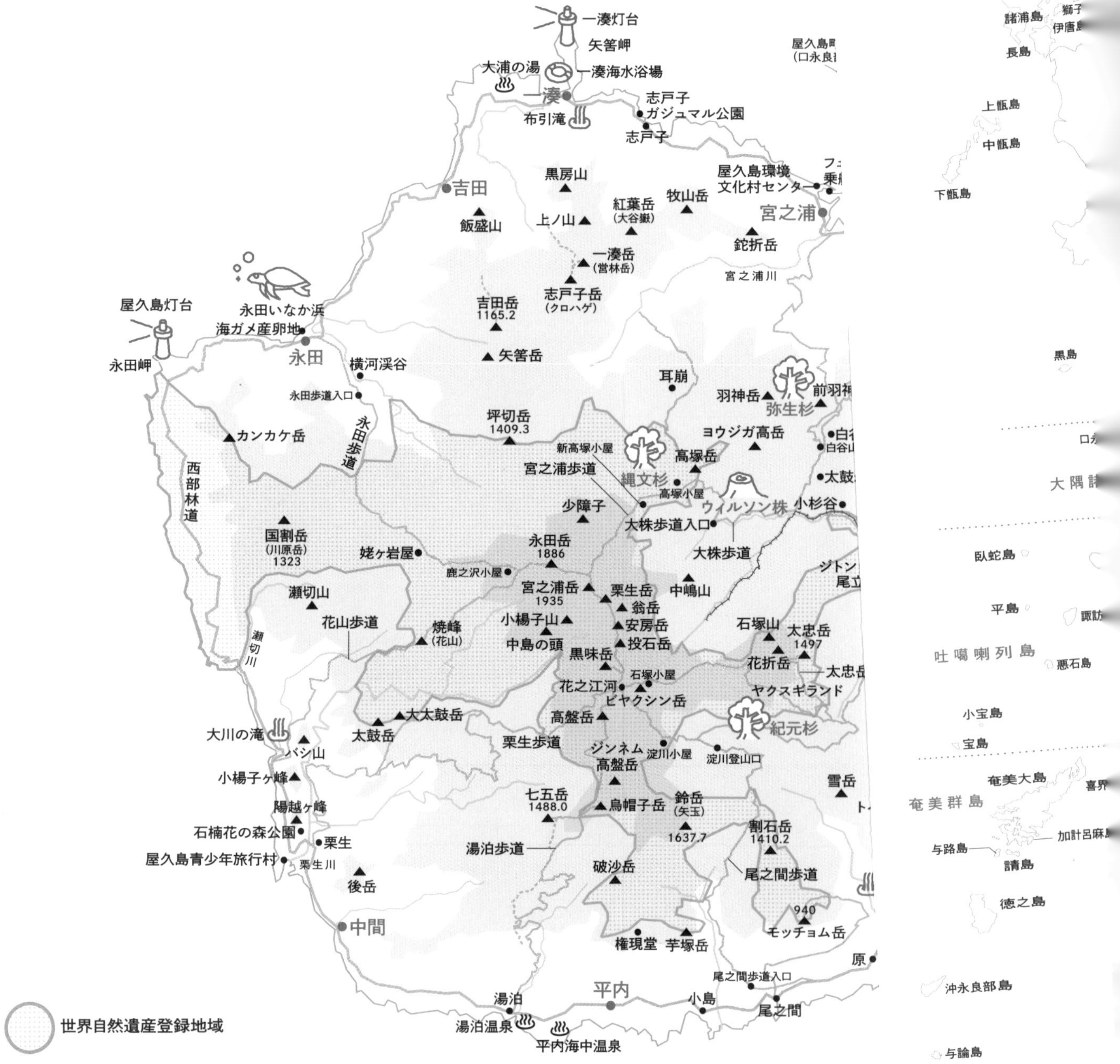
一湊灯台
矢筈岬
大浦の湯
一湊海水浴場
一湊
志戸子
ガジュマル公園
布引滝
志戸子
黒房山
屋久島環境
文化村センター
吉田
紅葉岳
(大谷嶽)
牧山岳
宮之浦
上ノ山
飯盛山
鉈折岳
一湊岳
(営林岳)
宮之浦川
志戸子岳
(クロハゲ)
吉田岳
1165.2
屋久島灯台
永田いなか浜
海ガメ産卵地
永田
永田岬
矢筈岳
横河渓谷
耳崩
羽神岳
弥生杉
永田歩道入口
永田歩道
坪切岳
1409.3
ヨウジガ高岳
カンカケ岳
新高塚小屋
高塚岳
宮之浦歩道
縄文杉
高塚小屋
西部林道
少障子
ウィルソン株
小杉谷
大株歩道入口
国割岳
(川原岳)
1323
永田岳
1886
大株歩道
姥ヶ岩屋
鹿之沢小屋
中嶋山
瀬切山
宮之浦岳
1935
栗生岳
翁岳
花山歩道
小楊子山
安房岳
焼峰
(花山)
投石岳
中島の頭
石塚山
太忠岳
1497
瀬切川
黒味岳
花折岳
石塚小屋
花之江河
ヤクスギランド
ビャクシン岳
大太鼓岳
高盤岳
紀元杉
大川の滝
太鼓岳
栗生歩道
バシ山
ジンネム
淀川小屋
淀川登山口
高盤岳
小楊子ヶ峰
雪岳
七五岳
1488.0
鈴岳
(矢玉)
1637.7
陽越ヶ峰
烏帽子岳
割石岳
1410.2
石楠花の森公園
栗生
湯泊歩道
屋久島青少年旅行村
栗生川
破沙岳
尾之間歩道
後岳
940
モッチョム岳
中間
権現堂
芋塚岳
原
尾之間歩道入口
平内
湯泊
小島
尾之間
湯泊温泉
平内海中温泉
世界自然遺産登録地域
諸浦島
伊唐島
長島
上甑島
中甑島
下甑島
黒島
大隅諸
臥蛇島
平島
吐噶喇列島
悪石島
小宝島
宝島
奄美大島
奄美群島
加計呂麻島
与路島
請島
徳之島
沖永良部島
与論島